Le scarabée bleu

Groupe Eyrolles
61, bd Saint-Germain
75240 Paris Cedex 05
www.editions-eyrolles.com

PEFC
10-31-2541
Certifié PEFC
Ce produit est issu
de forêts gérées
durablement et de
sources contrôlées.
pefc-france.org

Achevé d'imprimer par Normandie Roto Impression s.a.s.
sur papier bouffant Munken Print White 80g
N° d'imprimeur : 1800729
Dépôt légal : mars 2018

Imprimé en France

ISBN : 978-2-212-56898-1
Composé par Soft Office

EMMANUELLE JAPPERT

LE SCARABÉE BLEU

UNE INVITATION AUX VOYAGES

Roman
EYROLLES

Remerciements

L'aventure du scarabée bleu fut possible grâce au soutien inconditionnel de mes proches. Julian, tu m'as accompagnée sur ce chemin éclairé de l'écriture depuis le début. Lena et Viggo, vous m'avez insufflé tant d'inspiration que cette aventure est aussi la vôtre. Vous êtes mon oasis.

Guettie et François Rebourg, mes chers parents, merci d'être si présents dans les moments importants.

Anne Ghesquière, un simple merci ne peut suffire à t'exprimer toute ma reconnaissance. Gratitude et inspiration sont les mots qui me viennent en pensant à toi.

Gwenaëlle Painvin, mon éditrice, je suis si heureuse de ce lien que nous tissons ensemble.

Armelle Gorin, Béatrice Le Rouzic, et Alexandra Ughetto, mes relectrices, votre bienveillance sans complaisance et votre professionnalisme ont été une chance pour ajuster les mots. Merci d'avoir été à mes côtés ces derniers mois.

Quant à mes amis Jean-Louis Erneux, la grande famille Demaegt, Isabelle et Mike Federspiel, Sylvain Landa, Fabienne Ridoret, mon cousin Thomas Desmond et le réalisateur Pierrick Chauveau, merci pour vos encouragements et votre participation d'une façon ou d'une autre. Vous m'avez donné des ailes.

Cette histoire m'est venue lors d'un week-end à Pornic. Je l'ai ensuite emportée avec moi partout où j'allais. Elle m'a réchauffée dans le froid de l'hiver à Chamonix, m'a fait perdre la notion du temps dans les trains et les avions, s'est nourrie de tranches de vie à Bruxelles et à Amsterdam, avant que la fin s'impose entre New York et Lisbonne. Quant à l'Égypte, je n'y suis pas encore allée… Enfin, j'ai vécu au Maroc jusqu'à mes cinq ans. Et j'y retourne de temps en temps pour me ressourcer.

À Julian, Lena et Viggo

« Regarde-toi : tu as en toi le ciel et la terre. »

Hildegarde de Bingen

1

Un scarabée sur une pivoine

Chicha, tu n'iras pas à Marrakech à ton âge ! Tu as à peine seize ans et tu veux déjà quitter ta terre et ta famille ! Qu'ai-je fait pour que ma fille soit aussi différente des autres ?

— Papa, si je reste ici, loin de tout, je ne deviendrai jamais le professeur que j'ai envie d'être. Ce n'est pas contre toi. C'est juste parce que je veux me donner tous les moyens de faire de mon rêve une réalité. Le monde est vaste et ne peut se résumer à cette oasis ! Tu comprends ? Et le sc… Enfin non, je n'ai rien dit.

— Tu es bizarre… Je comprends surtout que tu es une rêveuse. Mais la vie n'est pas faite pour ceux qui ont la tête dans les nuages !

— Un jour, Papa, tu comprendras.

Le silence s'immisça entre le père et la fille. Tahar prit le temps d'ajouter :

— C'est toi, Chicha, bientôt qui comprendras…

Le village, au cœur d'une oasis verdoyante dans la vallée du Dadès, au Maroc, se composait d'une cinquantaine de maisons construites en terre-paille. Toutes étaient composées de la même façon : un bloc carré ou rectangulaire avec un toit-terrasse, en bordure d'un filet d'eau qui alimentait la petite palmeraie. De petites fenêtres en fer forgé permettaient à la lumière de rentrer dans les pièces principales de chaque maison. Mais les ouvertures ne devaient pas être trop grandes pour préserver la fraîcheur l'été ou la chaleur en hiver. À l'intérieur, les pièces étaient souvent aménagées simplement et la seule décoration se trouvait sur les plafonds en bois peint.

En ce mois de juillet, malgré une chaleur accablante, il y régnait une atmosphère délicieuse aux pieds de l'oued.

Anicha, surnommée Chicha, était née dans cette petite partie du monde, y avait grandi entourée d'une centaine de villageois. Les parents travaillaient souvent dans les champs de maïs ou d'orge, jouxtant le village. Les gamins couraient à côté, libres. La mère d'Anicha, Mina, était une petite femme bien en chair, au teint hâlé, les cheveux rassemblés dans une grande natte qui lui descendait jusqu'aux fesses. Elle n'avait qu'une passion qui enchantait l'oasis : la cuisine. Elle passait le plus clair de son temps à piler l'orge, à faire mijoter des tajines, à préparer des pâtisseries pour les fêtes du village. Même dans les oasis éloignées, on ne tarissait pas d'éloges sur les plats inégalés de Mina. Certaines jeunes filles venaient l'aider, avides de profiter de ses talents et d'apprendre à ses côtés. Savoir cuisiner était un atout de taille pour trouver un jour un mari. Mais cette façon de penser était à l'opposé de ce à quoi aspirait Anicha.

Quant aux « vieux », le visage ridé par le soleil, les dents souvent usées avec le temps, ils regardaient la vie s'écouler, veillaient sur petits et grands, racontaient leurs expériences passées, imposaient le respect. Voilà à quoi ressemblait l'univers d'Anicha à l'aube de ses seize ans. Elle n'avait jamais vraiment fréquenté les autres jeunes de son âge. Elle n'aurait su dire pourquoi.

Elle préférait la compagnie des chèvres, des moutons, des ânes ou des mulets. Elle pouvait passer des heures avec eux dans la paille, en balade ou au bord d'un ruisseau. « Chicha, rentre maintenant, il se fait tard », lui criait Tahar, quand il l'apercevait au loin et qu'il avait fini sa journée de labeur. C'était un colosse façonné par les vents du désert et l'aridité du climat. Avare de paroles, il en imposait par sa seule présence. Ses yeux marron et doux tranchaient avec sa stature. C'était un géant au cœur tendre, particulièrement quand il posait son regard sur sa fille.

Quand il invitait des personnes du village à venir partager un repas avec sa famille – ce qui arrivait très souvent – il tentait de convaincre sa fille d'y voir un moment agréable. « Les voisins viennent dîner, tu vas pouvoir discuter avec eux ! », lançait-il sans conviction dans la voix. Mais il connaissait trop bien Chicha et savait qu'elle ne décrocherait pas un mot de la soirée.

Anicha avait très tôt montré une attirance particulière pour les livres. Souvent des voyageurs faisaient une halte dans l'oasis et en vendaient quelques-uns. Tahar, qui s'en mordait les doigts aujourd'hui, avait un jour acheté un carnet de voyage à l'un d'eux. La jeune fille, qui devait avoir trois ans à l'époque, était restée émerveillée devant l'ouvrage. Si bien que chaque mois, dès qu'un voyageur se présentait, il y avait toujours un villageois prêt à acheter un livre pour Anicha. Parfois même, un aventurier de passage, attendri par la curiosité inhabituelle de l'enfant, passait du temps avec elle, toujours avec l'accord de son père, pour lui apprendre à déchiffrer les histoires.

Au fil des années, Tahar et Mina laissèrent Anicha au milieu de ses livres, sans la contrarier.

Ainsi, elle apprit à imaginer un ailleurs, au-delà des palmiers... Derrière son regard vert et vif, et son doux visage, elle cachait à tous les aspirations qui prenaient forme dans sa tête. Loin d'être triste malgré les apparences de sa solitude, elle sentait comme un appel à vivre autre chose. Tahar, lui, redoutait le jour où sa fille unique partirait.

— Chicha, as-tu appris de nouvelles choses aujourd'hui ? lui demandait-il souvent le soir. Il aurait tellement aimé savoir lire et écrire lui aussi.

— As-tu besoin que je t'apporte à manger dans ta chambre ? enchaînait sa mère, inquiète à l'idée que père et fille se chamaillent, car, souvent, ils avaient des avis opposés.

Deux mois plus tôt, à table, le jour de ses seize ans, elle annonça tout à coup : « J'ai quelque chose d'important à vous dire. Je souhaite quitter l'oasis pour aller étudier dans une école. Je veux devenir institutrice ! »

Ses parents, perplexes au début, furent par la suite obligés de se rendre à l'évidence : Anicha n'était pas comme eux, elle avait besoin d'assouvir sa soif d'apprendre. Et le village était dépourvu d'école. Mais tous les habitants, à la fois attirés par la jeune fille et distants à cause de sa singularité, voulaient l'aider à poursuivre son rêve. Ils se mirent donc en quête d'une connaissance qui pourrait lui permettre d'accéder à une école de la ville. Et de fil en aiguille, une chaîne de soutien se mit en place naturellement. Si bien qu'Anicha réussit à avoir une place dans un établissement prestigieux de Marrakech.

L'engouement quasi général de l'oasis envers cette perspective qui ferait la fierté du village contrastait avec l'humeur maussade de Tahar, qui s'enfermait de jour en jour dans le silence. Mina, d'habitude en retrait dans ses cuisines, prit les choses en main. Elle annonça à sa fille qu'elle ferait sa rentrée loin de l'oasis, coûte que coûte.

Par une belle journée de juillet, Anicha était habillée d'une tunique blanche toute simple, les cheveux attachés et recouverts d'un foulard rouge qui rappelait la couleur de sa ceinture. Elle avait grimpé sur le toit-terrasse de sa maison. Au calme, elle se préparait mentalement : elle avait bientôt rendez-vous avec la ville, son agitation, ses odeurs et son tourbillon…

Vers la fin de la matinée, elle redescendit faire une pause dans sa maison. Mais soudain, une douleur intense la saisit au ventre. À tel point que les crampes lui donnaient l'impression d'être coupée en deux. Elles s'amplifiaient de minute en minute. Personne n'était à proximité pour voler à son secours. Ses parents étaient déjà partis travailler dans les champs.

Telle une femme qui allait accoucher, Anicha transpirait, se crispait, le visage déformé par la souffrance. Elle réussit malgré tout à atteindre sa chambre. Les livres empilés servaient de séparation avec le salon. Elle se traîna jusqu'à son lit, fait de gros coussins confortables à même le sol. En même temps qu'elle se pliait de douleur, son regard se posa sur une fleur d'un rose éclatant, disposée dans un vase de terre cuite qu'elle ne connaissait pas. Elle n'avait jamais vu une telle espèce. Il s'agissait d'une pivoine. Puis, bizarrement, le mal disparut aussi vite qu'il était venu, ce qui lui permit de reprendre ses esprits. Elle était loin d'imaginer qu'à partir de ce jour, sa vie allait basculer de façon totalement inattendue.

Encore un peu sonnée, elle s'approcha de la fleur, comme subjuguée. En même temps, elle entendit une voix :

— Anicha, il est temps que nous parlions, toi et moi. Es-tu prête à m'écouter ?

La voix était envoûtante et chaude. Elle provenait de la fleur. Se pouvait-il qu'une pivoine parle ? Anicha se pencha prudemment vers elle et aperçut… un scarabée bleu, posé sur l'un des pétales.

— Oui, oui… C'est bien moi qui te parle. La fleur et moi avons des choses à te dire, et tu sauras, j'en suis sûr, m'écouter.

— Permettez-moi de reprendre mon souffle un instant, monsieur… Heu… J'avoue ne pas être habituée à converser avec un scarabée !… Et ce, après un mal de ventre indescriptible !

— Eh bien, disons que beaucoup de choses surprenantes peuvent arriver dans la vie. Un conseil: ne te ferme à rien et crois que tout est possible. La preuve... Ha ha..., renchérit le scarabée.

L'insecte, un mâle avec de grandes antennes, mesurait à peine cinq centimètres. Longiligne, il était comme revêtu d'un manteau d'un bleu argenté. En y regardant de plus près, on avait l'impression que le soleil s'y reflétait. En sa compagnie, Anicha ressentit au plus profond d'elle-même un apaisement inédit.

Puisqu'elle semblait disposée à participer à ce bavardage bien inhabituel, le scarabée bleu poursuivit la conversation.

— Sais-tu, ma chère Anicha, que tu passes à côté de bien des plaisirs terrestres auxquels tu as pourtant droit, comme tout un chacun ? Pourquoi tant de privations ? T'es-tu posé cette question ?

— Non, à vrai dire. Je pensais bien faire. J'aime tant lire et apprendre. Au travers des livres, je voyage, je découvre le monde, et mes parents sont fiers de mon travail.

— Allons ! Tu t'imposes un rythme infernal alors que personne n'exige cela de toi. N'entends-tu pas les cris de ton corps et de ton âme ?

— Non, je ne vois pas de quoi vous parlez, répondit la jeune fille interloquée.

— Regarde-toi dans un miroir. Ton teint est gris et ton regard ne brille pas. Où est ta flamme de vie ?

— Ma flamme de vie ? Que voulez-vous dire ? Vous me parlez comme si j'étais... malade ?

Anicha devenait en effet de plus en plus pâle. Elle eut soudain un mauvais pressentiment. Ce drôle d'insecte allait-il lui annoncer qu'elle était gravement malade ? Son sang se glaça d'un coup. Elle voyait sa courte vie défiler dans ses pensées, toute cette culture dans sa tête s'envoler avec ses rêves. En un flash, elle réalisa qu'elle n'avait finalement rien vécu de bien réel. Toutes ces années, elle les avait passées sans prêter attention aux autres, sans échanges de rires, de parties de cache-cache ou de baignades dans le ruisseau avec les enfants du village. Tout ce qu'elle avait accompli tenait dans les livres qui parlaient de la vie des autres. Pas de la sienne.

Le scarabée s'aperçut de la panique qui figeait le visage de la jeune fille. Il vola alors à son secours, se posant sur sa main.

— Regarde cette pivoine. C'est toi, en fait. Elle représente ce que tu es. Je te l'ai apportée pour qu'elle te guide. Prends soin d'elle comme de toi-même. Si elle perd de son éclat, tu sauras que tu fais fausse route. Si tu as confiance en toi et en la vie, elle resplendira. Si tu la perds, tu t'égareras.

Anicha se ressaisit.

— Je ne suis pas une fleur ! Je ne peux me contenter de rester dans un coin à contempler le monde ! Je suis bien plus que cela.

— Alors, si tu es bien plus que cela, continue d'apprendre, mais jamais au détriment de toi-même. Nourris ton corps de bons produits que la terre donne au monde, prends soin de lui comme de ton esprit. Sois en lien avec ceux qui t'entourent. Laisse par exemple la musique t'envahir et le rythme te bercer. Plus ton corps bougera, mieux ton cerveau fonctionnera !

— Ça alors ! Mais, j'aurai moins de temps pour étudier et je ne pourrai pas rejoindre la grande Cité pour entrer à l'école !

— Bien au contraire. Agis selon ces quelques conseils et, surtout, laisse-toi aller, la vie se chargera du reste. Elle a bien plus d'imagination que toi. Tu comprendras qu'elle envoie des signes et tu seras libre de les écouter ou non. Tu es une jeune fille très intelligente, Anicha, et je sais qu'au plus profond de toi, mes paroles résonnent parce qu'elles sonnent juste. N'ai-je pas raison ?

Anicha détourna le regard. Une larme coulait sur sa joue, telle une perle de vérité. Sans rien ajouter, le scarabée la salua et lui dit qu'il reviendrait. Il s'envola et sous ses ailes, on pouvait apercevoir des faisceaux lumineux de toutes les couleurs. En un quart de seconde, il disparut par une fenêtre ouverte.

Le soir venu, la jeune fille mangea tout son repas, entourée des siens, mais elle n'avait pas le cœur à parler. Ses parents ne s'inquiétèrent pas. Souvent, Anicha prononçait peu de mots, se récitant intérieurement des poésies.

Elle retourna dans la pièce qu'elle avait arrangée pour se préserver un peu d'intimité, regarda sa fleur et pleura jusqu'à épuisement. Elle qui n'avait jamais versé de larmes, fuyant toujours les confrontations avec les autres, évacuait tous les chagrins accumulés. De cette manière, elle digéra les paroles du scarabée, avec un étrange sentiment : à seize ans, sa vie semblait tout juste commencer. Elle s'endormit profondément.

2

Le petit peuple

Deux semaines après son entrevue avec le coléoptère, juste avant le lever du soleil, Anicha sursauta. Elle venait de rêver du scarabée bleu. Elle rit de l'absurdité de son rêve. Certes, une pivoine était posée dans un vase près d'elle, mais elle voulait délibérément effacer de sa mémoire ce qui s'était passé. C'était trop absurde pour être vrai. Elle décida d'aller marcher au clair de lune. Le silence régnait. Le ciel était constellé de petits points étincelants et Anicha s'amusa à les compter tout en marchant. La tête dans les étoiles, elle buta sur une sorte de branche et tomba la tête la première, au pied d'un palmier. Elle se surprit à rire, étonnée de se voir la bouche pleine de sable, plaquée au sol. Elle se retourna sur le dos, les bras en croix. Elle se sentait si bizarre à l'idée de s'aventurer bientôt en dehors de son village pour la première fois de sa vie. À ce moment-là, elle entendit :

— Bonjour, jeune fille !

La voix provenait de l'endroit même où se trouvait la branche, à gauche de son oreille. Quelle frayeur ! Ce qu'elle prenait pour un vulgaire morceau de bois n'était autre qu'un… serpent à sonnette, dressé à quelques centimètres de son visage.

— Ne crains rien, je ne te ferai aucun mal, dit-il aussitôt. Je m'appelle Naj. Enchanté ! continua-t-il.

La scène était grotesque. Qui aurait voulu faire confiance à un serpent aussi venimeux que laid, qui plus est avec deux dents du haut pointues et prêtes à s'enfoncer dans la moindre chair tendre ?

— Que m'arrive-t-il ? Je suis sûrement encore dans mon lit en train de cauchemarder ! Après le scarabée, me voilà en tête à tête avec un serpent... Je deviens peut-être folle, j'ai sûrement trop travaillé ces derniers temps et je me suis déréglée. Je ne tourne pas rond, se dit-elle à haute voix.

— Mais non, tu n'es pas folle ! Bienvenue dans la vraie vie ! renchérit Naj, en dodelinant de la tête.

— Bon, pourriez-vous m'expliquer de quoi vous parlez ? dit Anicha tout en se relevant.

— Je suis là pour ça, ma jolie. J'aime bien discuter avec des personnes un peu particulières comme toi. Impressionnant tous les livres que tu as lus cet été ! Crois-tu vraiment être prête pour la grande Cité ? N'as-tu pas peur de ce qui t'attend là-bas ? Qui te dit que c'est le paradis ?

— Je n'ai jamais pensé que c'était mieux qu'ici ! Seulement il n'y a pas d'école suffisamment grande dans la vallée pour me permettre d'apprendre encore plus. Voilà pourquoi je veux partir.

La jeune fille avait perdu toute la légèreté des minutes précédentes. Les traits de son visage étaient tendus et sa mâchoire se crispait quand elle parlait.

— Ce que je veux te dire, c'est qu'il ne tient qu'à toi de voir l'abondance qui t'entoure. Si tu décides de vivre dans l'austérité comme tu l'as fait jusqu'à maintenant, en ayant une vie restreinte, ce choix t'appartient. Mais tu peux aussi préférer t'amuser et rire tout en apprenant. Donc, comprends bien que tout ce que tu cherches est aussi ici. Il suffit de changer ton regard sur ta vie.

Anicha lui rétorqua aussitôt :

— Pourquoi me dire tout cela ? Je n'ai rien demandé à personne et vous me faites la leçon ! Pour qui vous prenez-vous !

La discussion prenait une telle tournure que le serpent préféra abréger. Il disparut, glissant dans le sable, sous le regard exaspéré d'Anicha.

Docile jusque-là, elle fut surprise de s'être rebellée. Elle en éprouva même une certaine fierté. Ce n'était pas un serpent à sonnette qui allait lui dicter ses actes !

Elle se releva, ôta le sable de ses vêtements et retourna chez elle d'un pas décidé, à travers la vallée et ses hauts plateaux rocailleux. Elle avait la tête qui tournait. La fleur, le scarabée et le serpent lui apportaient un nouvel éclairage sur sa vie, même si elle ne voulait pas vraiment l'admettre. À qui en parler, elle qui n'avait pas d'amis ? Elle mesura pour la première fois combien elle était seule. Les larmes coulèrent de nouveau sur ses joues. Elle était passée à côté de l'insouciance de la petite enfance. Et pourtant, impossible de revenir en arrière. À son âge, elle devait continuer à regarder droit devant elle, même si elle se sentait en décalage avec les autres. Tout en marchant, elle se dit qu'il était peut-être temps de changer d'attitude. Au fond, elle l'avait toujours su sans jamais vouloir se l'avouer.

Deux kilomètres plus loin, exténuée, elle arriva chez elle alors qu'il était encore tôt le matin. Ses parents dormaient. Elle se réfugia dans sa chambre, s'allongea et s'assoupit aux côtés de la fleur.

Quand elle se réveilla, une autre journée commençait. Elle avait dormi plus de vingt heures. Ses parents avaient tenté, en vain, de la réveiller et finalement jugé bon de ne pas insister, après avoir vérifié que son souffle était régulier.

Anicha, affamée, dévora les mets sur la table du salon. Cette fois, elle honora chaque bouchée de dattes, de fruits sucrés et de légumes du soleil.

Sa mère, de la cuisine, entendit du bruit, déboula précipitamment dans le salon et la scruta, inquiète, en train de manger avec cet appétit inédit.

— Ma fille est folle ! Elle est amoureuse, j'en suis sûre. Je ne la reconnais pas ! dit-elle pour elle-même.

Tahar discutait sous le porche quand il entendit Mina qui parlait fort. En rentrant dans la maison, il constata la bonne mine de sa fille. Il se passait des choses bien étranges ces derniers jours et le comportement d'Anicha l'interpellait.

Au bout d'une heure, rassasiée, Anicha, en pleine forme, retourna au milieu de ses livres. Ses parents venaient de quitter la maison, Tahar pour les champs, Mina pour se fournir en légumes chez une voisine. Le calme revenu, elle posa son regard sur la pivoine. Interloquée, elle vit que le scarabée bleu turquoise y avait repris place. Pas très sûre de vouloir encore une fois entamer une discussion étrange, elle détourna le regard. Comment éviter d'entendre de nouveau une vérité si difficile à digérer ? Mais, finalement, une force la poussa à parler et à déverser, auprès de cet interlocuteur étrange, tous les mots coincés dans sa gorge.

— Je réalise tant de choses, vous savez, depuis que vous êtes entrés dans ma vie, vous, la fleur et Naj. Cela fait à peine deux semaines. Mais j'ai beaucoup réfléchi. Je me rends compte que je ne porte plus le même regard sur ma vie.

— Tu sais désormais comment vivre avec plus de justesse. Je peux partir satisfait de t'avoir remise sur ta route aussi rapidement ! conclut le scarabée.

— Vous plaisantez ? dit-elle d'un air courroucé. Vous me faites comprendre que je me trompe en lisant autant, alors que tant de parents aimeraient voir leur enfant étudier aussi assidûment que moi ! Je prends à peine conscience que je ne sais même pas ce que « se distraire » veut dire ! Vous décrétez que j'ai besoin d'apprendre à vivre différemment. Et vous me laissez seule avec ça ? C'est impossible !

— Tu ne seras plus jamais seule. Ta pivoine est là. La plupart des habitants de cette oasis, ou d'ailleurs, sacrifient leur vérité pour faire plaisir à leur famille, à leurs amis, ou à qui sais-je encore. Pensant bien faire, ils s'éloignent d'eux-mêmes. Nous t'avons amenée sur une voie qui te permettra de te sortir de ta prison et d'écouter ton désir ardent.

— Mon désir ardent ? Vous voulez dire mon envie d'aller à l'école ? Pourquoi m'aider, moi ? Une fille d'une oasis reculée ? Et de quelle prison parlez-vous ?

— Ne te pose pas cette question. Sache juste que certains êtres, dont tu fais partie, méritent de trouver ce qu'ils cherchent.

— Vous êtes quoi finalement vous, le serpent, la pivoine... ?

— Nous appartenons à un peuple un peu particulier... Nous apparaissons parfois pour remettre sur leur chemin de vie des personnes comme toi.

— Je ne veux pas que vous partiez ! s'écria la jeune fille. J'ai besoin de vous. On se retrouvera, n'est-ce pas ? Je voudrais encore avoir mal au ventre avant de me retrouver devant une fleur magnifique, trébucher à cause d'un serpent, parler avec des créatures merveilleuses comme vous. Dites-moi, supplia-t-elle, que cela commence tout juste...

— Oui, Anicha, tout commence... Tu t'es perdue pour mieux te trouver. Tu peux maintenant voir clair en toi et avancer sur ta route, libérée de ce fardeau qui t'encombrait, qui te faisait passer à côté de l'essentiel. Mon petit peuple ne sera jamais loin et veillera sur toi, rassura l'insecte.

— Un jour, je transmettrai à mes élèves ce que vous m'avez appris. Je leur dirai de croire en eux, de prendre soin d'eux-mêmes et de faire confiance à la vie. Parce qu'un petit peuple mystérieux peut, à tout moment, venir les épauler. Enfin, je ne sais pas si je pourrai leur dire ces choses à propos de vous. Mais je trouverai bien une image pour leur délivrer le message.

Finalement, ma mission va bien au-delà de l'enseignement de la littérature, des mathématiques ou de l'histoire, n'est-ce pas ?

— C'est normal, aucun livre ne parle de ces messages que nous semons comme des graines. Anicha, je te laisse, un jeune homme, sans le savoir, m'attend quelque part dans le désert. Comme toi, il va découvrir que les scarabées peuvent parler !

Anicha connaissait maintenant un des grands secrets de la vie : au-delà de nos croyances, des petits êtres existent et nous guident sur notre route.

Elle était loin de les avoir tous rencontrés…

3

Le départ

L'insecte disparu, Anicha eut l'irrésistible envie de rattraper le temps perdu. Elle rejoignit aussitôt un groupe de jeunes assis près d'un ruisseau. Embarrassée, elle ne savait pas comment entamer la conversation. Les trois adolescents, une fille à l'air farouche avec ses cheveux emmêlés, vêtue d'un simple T-shirt usé et d'une jupe trouée, l'un de ses frères et un cousin, tous âgés d'une quinzaine d'années, la scrutèrent de haut en bas, avant de lancer :

— Qu'est-ce que tu veux ?

— J'avais envie de passer un moment avec vous. Il fait très chaud et c'est une bonne idée de se rafraîchir avec l'eau du ruisseau.

— Pour qui tu te prends avec tes grands airs ?

— Je n'ai pas de grands airs. Je veux juste passer un peu de temps avec vous.

Les autres se mirent à ricaner.

— Mademoiselle Anicha voudrait maintenant se rabaisser à nous fréquenter ? Elle ne nous a jamais adressé la parole et là, on ne sait pour quelle raison, elle décide de s'intéresser à nous, dit le plus grand sans même regarder Anicha.

— Je… Je ne voulais pas vous vexer, je vous assure. J'ai sûrement mal jugé mes actes ces derniers temps. J'étais trop dans mes livres. Mais j'aimerais mieux vous connaître.

— Mieux nous connaître ? Mais ça ne se décrète pas comme ça ! Retourne à tes livres et à ton savoir, ta place n'est pas avec nous.

Anicha se retourna sans répondre. Son cœur saignait. Ainsi s'acheva sa première tentative pour renouer avec le monde des humains. Elle ne s'était pas rendu compte à quel point elle avait causé du mal autour d'elle par ses silences et son indifférence. Un immense fossé s'était creusé entre elle et les autres jeunes de son âge. Elle repensa alors aux paroles du scarabée bleu. Par où commencer pour se faire des amis ? Même la plus simple des choses en apparence lui paraissait difficile.

Le mois d'août touchait à sa fin. Le départ était prévu dans quatre jours. Au lieu de se réjouir, Anicha se sentait triste depuis cet épisode avec les trois jeunes au bord du ruisseau. Et si elle envoyait balader ses livres et son rêve de partir ? Cette idée traversa une seconde ses pensées, elle qui aspirait maintenant à avoir une vie normale d'adolescente. Mais ce n'était pas possible. Elle ne pouvait faire machine arrière, tout était enclenché pour son voyage. Même si son père s'y opposait. Sa vie était désormais ailleurs.

Le grand jour arriva enfin. On entendait les youyous de la mère et de toutes les femmes du village, qui exprimaient un mélange de peur, de tristesse, mais aussi d'admiration. Les hommes, entourant Tahar, regardaient la scène. Ils enviaient tant l'audace de la jeune fille. C'est pour cette raison qu'ils avaient fait tout ce qui était en leur pouvoir pour soutenir son profond désir. Malgré Tahar. Ce dernier serra fort sa fille dans ses bras, sans prononcer un mot. Anicha eut un pincement au cœur face à son absence d'encouragements. Mina pleurait à chaudes larmes. Leur fille unique monta à dos de mulet. Envahie par l'émotion, Anicha se concentra sur sa fleur qu'elle avait cachée sous ses vêtements. Sans elle, elle aurait tout abandonné, serait redescendue du mulet, aurait couru dans les bras de sa mère, aurait demandé pardon à son père d'avoir voulu partir… Mais ce n'était pas le cours des choses. Elle préféra suivre son instinct, partir sans se retourner, de crainte de ne pouvoir passer outre la mélancolie de quitter sa tribu. Accompagnée de deux porteurs et d'un guide, elle était emmitouflée dans un large habit rouge cerise ne laissant passer que son regard d'un vert perçant. Le vent s'était levé, le sable volait, la tempête arrivait tel un écho à ce qui l'attendait au-delà de cet océan jaune. Sa mère lui avait glissé dans une poche deux bracelets en argent appartenant aux ancêtres de la famille. Ils lui porteraient chance pour la suite.

Une fois la petite caravane bien lancée et les grains de sable collés au sol après leur danse endiablée, la jeune fille se retourna et aperçut au loin la vallée qui disparaissait derrière les monts arides. Bientôt ces montagnes se mélangeraient au désert pour ne former plus qu'un seul bloc avec le ciel bleu. Il était temps pour Anicha de regarder droit devant elle et d'embrasser l'écrasante majesté du paysage. Elle voulut sympathiser avec le guide. Il dégageait quelque chose de magnétique. Ses cheveux mi-longs aux reflets roux lui donnaient un aspect original. Quelques taches de rousseur parsemaient son visage, lui donnant un air mutin. Elle allait passer une semaine avec lui pour atteindre la ville. Autant apprendre à se connaître et rendre le voyage agréable, pensa-t-elle. Elle ne pouvait échanger qu'avec lui. Sa mère lui avait dit de ne pas compter sur les deux autres porteurs pour discuter, ils n'avaient pas le droit d'adresser la parole aux filles non mariées.

— Dis-moi, le désert n'a pas de secret pour toi, commença Anicha. Toi qui voyages beaucoup, apprends-moi des secrets utiles pour ma nouvelle vie, veux-tu ?

Le garçon ne voulait pas regarder Anicha dans les yeux. Il gardait ses trésors de savoir au fond de lui depuis toujours. Abandonné dix-huit ans plus tôt sur un chemin de terre qui menait à une lointaine oasis, il avait grandi seul. Le roux de ses cheveux avait sûrement effrayé sa mère, du moins, c'est la légende qui se répandait à son sujet dans la vallée. Tel un animal sauvage, il avait finalement perdu l'usage de la parole. Allant de village en village, il avait su se faire prendre d'affection, uniquement grâce à son côté serviable et débrouillard. Anicha n'insista pas devant ce jeune homme habité par une force primitive. Les heures s'étiraient sans que rien de spécial se passe. Le désert était un passage inédit pour se confronter au silence. Ne traversait pas la mer de sable n'importe qui. Seul celui qui ne craignait pas un retour sur soi en avait la capacité. Le regard ne pouvait se poser sur rien si ce n'était les dunes dorées. Les sons se limitaient au souffle du vent et au rythme des pas des mulets.

La jeune voyageuse ne pouvait cette fois plus se réfugier dans les livres. Elle entrait enfin sur le terrain de jeu de la vie.

Au troisième matin, ils avaient déjà marché quatre heures à l'aube pour éviter la grande chaleur. Ils n'étaient que des petits points colorés dans l'immensité des dunes.

Face au silence, soudainement, elle leva son regard profond et le posa sur l'horizon. Au loin, très loin, elle devinait les premières pierres de la ville. Elle se mit à rire. Et alors que les deux porteurs et le guide tournaient leurs visages tannés vers elle, elle sauta au sol et annonça :

— Désormais, je poursuivrai le voyage à pied à vos côtés ! Je veux connaître les mêmes sensations que vous, je veux avoir les pieds brûlés, être capable, comme vous, de marcher sur le sable embrasé et être plus forte que la douleur. Je veux être pénétrée de la puissance de la terre dans tout mon être, tomber peut-être, mais me relever toujours. Je veux que mes yeux brillent de la même lumière que vos propres yeux, quitte à en perdre la parole moi aussi. Chaque ridule sur votre visage raconte une bribe de votre vie, un cours d'eau où vous avez pu vous abreuver, une racine que vous avez arrachée pour en tirer la substance vitale. Même dans le désert, la vie vous a préservés comme elle me préservera. Elle m'appelle. Je sens le désert vibrer en moi.

Anicha aurait pu continuer son tourbillon de mots encore longtemps. Mais les trois hommes n'étaient pas dupes. Ils savaient reconnaître les premiers signes de la déshydratation. En plein délire, elle tomba alors à terre, ferma les yeux et s'en remit aux voix très lointaines des porteurs. Ils lui ordonnaient d'ouvrir légèrement la bouche pour boire les dernières gouttes d'eau de sa gourde. Elle s'évanouit alors.

Sous la forme d'un petit mouton tout blanc s'abreuvant au bord d'un cours d'eau lui apparut son père. Le songe était brouillé et déformé par la soif intense. Anicha entendait la voix de cette figure masculine si familière. Le petit mouton s'arrêta de boire, se lécha les babines avant de lui dire :

— Tu vis l'épreuve de la chaleur. Emmagasine le feu sans te brûler, il te sera vital pour affronter les jours de grand froid. N'aie crainte, tu découvriras dans la difficulté ta propre puissance. Elle te montrera le chemin.

À ce dernier mot, Anicha ouvrit les yeux d'un coup, chercha le mouton autour d'elle, tandis que le rêve s'évanouissait. Elle choisit de ne pas s'inquiéter de ces paroles insignifiantes à ses yeux. À peine revigorée, elle prit l'un de ses bagages pendant que les trois hommes la laissaient tranquillement reprendre ses esprits. Elle avait disposé dans l'un d'eux la pivoine délicatement entourée d'un linge fin et humide pour qu'elle résiste à la chaleur. Elle la respira avant de la remettre dans la valise et de reprendre le fil de sa pensée :

— J'ai repris des forces en dormant à dos de mulet. Mais je veux poursuivre à pied, le sol m'appelle. Rien ne m'arrêtera.

Le scarabée bleu avait planté en elle la graine de la détermination. Les hommes avaient beau la raisonner, elle n'en avait que faire. Elle se découvrait un caractère bien trempé, certains y verraient même un caractère de chameau ! Au final, Anicha eut le dernier mot, et marcha, marcha encore, ses trois compagnons n'osant défier son regard vif.

Les jours n'en finissaient pas. Anicha n'en pouvait plus de ne pas échanger de mots avec les trois hommes, qui l'excluaient de toutes leurs conversations. Encore une fois, l'isolement s'invitait dans sa vie.

Soudain, elle aperçut au sol un petit animal allongé. Elle voulut approcher, mais elle entendit l'un des guides crier :

— Surtout pas ! Cet animal souffre sûrement de la maladie du désert.

— C'est quoi la maladie du désert ? interrogea Anicha.

— La rage.

Enfin, l'un des porteurs osait faire entendre le son de sa voix à une fille !

— La rage ? Mais je vois son ventre se soulever, il n'est pas mort. On ne peut pas le laisser agoniser comme ça ?

— On ne peut plus rien pour lui, dit un autre.

— C'est hors de question de le laisser ainsi. Je veux le soigner.

Anicha n'avait que faire de la prudence des autres, son amour des animaux était plus fort. L'homme qui ne s'exprimait que par son regard avança doucement, et d'un signe de tête, fit comprendre aux porteurs qu'il accédait à la demande d'Anicha.

Tous deux se positionnèrent autour de l'animal souffrant. Après avoir vérifié qu'il ne bavait pas – un signe de la rage –, le jeune homme prit sa gourde pour lui donner à boire. L'animal avait de grandes oreilles, son corps était fin, et ses traits délicats. Il s'agissait sans aucun doute d'un fennec.

Anicha l'installa sur son mulet pour le veiller tandis que la caravane poursuivait sa route. Le soir, quand le groupe fit une halte pour passer la nuit, elle eut une idée. Pendant que les hommes préparaient le campement, elle sortit la fleur de son sac, et en fit sentir les arômes au fennec qui était allongé sur le sol. Quelques instants après seulement, l'animal ouvrit les yeux.

— Te voilà enfin revenu à la vie ! dit Anicha avec soulagement.

Il se passa alors une chose étrange. Le fennec lui répondit :

— Ta fleur est puissante.

— Je n'en reviens pas, toi aussi tu parles ! Comme Naj, comme le scarabée !

— Oui, je fais partie des leurs.

— Que t'est-il arrivé ? Pourquoi étais-tu dans un tel état quand je t'ai trouvé ?

— Je me suis fait piquer par une bête redoutable. Le scorpion ! Fais attention où tu mets les pieds, Anicha. Il est terrible. Seule ta fleur a le pouvoir de guérir les êtres du petit peuple. Tu étais là au bon endroit, au bon moment, pour me délivrer du poison qui allait me tuer. Tu m'as gardé avec toi malgré le refus de ceux qui t'accompagnent et tu as su me soigner. Merci, Anicha. Partez vite, demain matin. Le scorpion n'est pas loin…

Et il disparut dans la nuit.

Anicha alla se coucher. Mais elle ne dormit pas. Elle songea à ce qui l'attendait à Marrakech. Dans deux jours, elle le sentait, elle serait aux portes d'un nouveau monde.

4

La grande Cité

À l'aube, la caravane plia bagage. Et enfin, après une dernière journée de marche, ce qui n'était jusqu'ici qu'un mirage devint enfin réalité après sept jours de voyage : la terre promise apparut au loin, rougeoyante sous les derniers rayons du soleil couchant. Les remparts et la grande porte d'entrée ovale de Marrakech jaillissaient devant les yeux ébahis d'Anicha.

Le petit groupe pénétra à l'intérieur de la Cité. Anicha eut un frisson d'appréhension. Où allait-elle pouvoir se reposer cette première nuit ? Plongée dans l'inconnu, elle s'en remettait une fois de plus à son guide. Il était déjà sept heures du soir. La jeune fille et ses trois compagnons de route donnèrent les quelques pièces qu'ils avaient pour acheter à boire et à manger. Il n'était pas aisé de se frayer un chemin dans le labyrinthe de ruelles étroites, empruntées par une foule pressée et bigarrée, le tout dans un bruit assourdissant. Le contraste avec les jours précédents était saisissant. Le guide, fin connaisseur de la ville et de ses habitants, devait vite mener Anicha en lieu sûr. La Cité était découpée en quatre parties bien distinctes. À l'est se trouvait un grand parc verdoyant où la nature prenait tous ses droits. Au sud, là où se trouvait Anicha, des boutiques en tous genres fermaient à cette heure tardive de la journée. À l'ouest, les plus beaux palais narguaient le quartier nord, investi par les tribus de passage et les familles les moins privilégiées. Au centre de la ville s'étendait une place gigantesque, carrefour de quatre mondes différents. Épuisée, Anicha, sentant à proximité l'odeur épouvantable d'une tannerie, tourna de l'œil. Une feuille de menthe agitée sous son nez ne suffit pas à la sortir de sa torpeur.

Dans une toute petite cour fraîche et accueillante, elle se réveilla, loin de l'agitation et des émanations nauséabondes. La nuit tombait, mais elle devinait de grands orangers dans chaque coin du patio. Le sol était couvert de mosaïques. Elle était seule, allongée sur un amas de coussins tissés, grands et confortables, ses bagages à ses pieds. Ses compagnons de voyage avaient disparu. Une théière remplie d'eau chaude et de feuilles de menthe était délicatement posée sur une petite table d'appoint.

— Bonsoir ! dit une voix féminine provenant de derrière elle.

Elle se retourna et aperçut une femme élégante, vêtue d'un caftan orange incrusté de perles brodées. Ses yeux étaient soulignés de khôl et donnaient à son regard une profondeur mystérieuse. Sa chevelure détachée, d'un noir de jais, tombait sur ses épaules.

— Je t'ai recueillie devant chez moi, évanouie dans une calèche. Les hommes à tes côtés m'ont suppliée de te faire entrer le temps que tu reprennes tes esprits. Si je peux t'aider, j'en serai heureuse. Mon mari est en voyage depuis quelques semaines. Tu peux donc te reposer ici si tu le souhaites. Cette maison est calme et je ne demande qu'à avoir de la compagnie, enchaîna-t-elle avec une joie toute contenue.

— Merci, j'ai beaucoup de chance de vous croiser sur ma route. Je me ferai discrète, je peux aussi me rendre utile pour payer ma pension.

— Ne t'en fais pas pour ça, c'est le dernier de mes soucis, que Dieu m'en préserve. Reprends des forces. Je vais te montrer ta chambre. Demain, tu me raconteras ce qui t'amène ici dans cet état.

Ces mots réconfortants furent donc les premiers entendus au sein de la Cité rouge, dans l'une des zones les plus riches et sécurisées de la grande ville.

Il fallut deux jours à Anicha pour retrouver son énergie. Deux jours de transition nécessaires pour intégrer son nouvel environnement, l'absence de sa famille et des habitants de son oasis.

Revigorée, elle annonça à son hôtesse que le temps était venu pour elle de sortir malgré l'appréhension du bruit, de l'agitation et de la foule. La maîtresse de maison, qui se prénommait Dasine, tenait à l'accompagner, pour lui montrer la grande place où avaient lieu tous les échanges commerciaux, sous le regard des diseuses de bonne aventure et des charmeurs de serpents. Mais elle avait surtout en tête de l'emmener dans son lieu favori. En chemin, elles croisèrent au détour d'une minuscule rue un homme enrubanné tenant fermement autour de son cou un mouton blanc qui bêlait au gré des pas de l'homme.

— Toi, tu es née sous une belle étoile, lança Dasine à Anicha dans un éclat de rire.

— Peut-être, je ne sais pas. Pourquoi me dites-vous ça ?

— Voir un homme porter un mouton autour du cou est un signe de chance, et c'est rare !

— Vraiment ? répondit Anicha avec l'envie de croire à ce bon présage.

— Viens, encore cinq minutes de marche et nous arriverons au paradis !

Tout en arpentant les rues, Anicha ouvrait grand les yeux et admirait les artisans, fiers d'exposer lampes, babouches, tapis berbères et mille merveilles dans leurs boutiques ornementées. Elles arrivèrent enfin devant une porte d'un bleu vif qui marquait la frontière entre l'est et le sud de la Cité. Dasine échangea deux mots avec le gardien avant de pénétrer dans le lieu. Quand Anicha entra à son tour, quel ne fut pas son étonnement ! Un jardin exotique immense se déployait devant elle. Palmiers, bougainvillées, pivoines, bananiers, calathéas, lataniers, bambous s'offraient à la vue des visiteurs. Là, à l'abri du monde, le temps s'arrêtait.

— J'ai quitté ma terre natale sans savoir ce qui m'attendait, la peur au ventre. Je comprends maintenant pourquoi j'ai tant été attirée par cette ville avant même de la connaître : exactement pour cet endroit !

— Ce jardin éveille tous les sens. Je viens souvent seule ici, quand je ne vois plus clair en moi, quand je suis triste ou fatiguée. Après une heure paisible passée dans ce lieu, l'énergie circule de nouveau dans mon corps et je repars apaisée. J'ai pensé qu'un tel jardin serait bon pour toi après ce voyage exténuant.

Anicha s'étonna d'entendre Dasine évoquer la tristesse. Cette femme avait l'air si gâtée par la vie. Que cachait-elle au fond d'elle-même ? Elle se garda bien de le lui demander.

— Anicha, excuse-moi un instant. J'aperçois au loin une de mes voisines. Son mari est en voyage avec le mien. Je vais lui demander si elle a des nouvelles de leur expédition. Attends-moi là.

Au moment où elle s'éloignait, un perroquet au plumage gris cendré et à la queue rouge se posa sur l'épaule d'Anicha et s'exclama :

— Anicha ! Ah ! Enfin te voilà !

La scène était plutôt cocasse. Anicha sursauta d'abord, avant de reprendre sa respiration. Elle ne s'étonnait plus d'entendre les animaux parler. Elle enchaîna :

— Bonjour, toi. Je te vois venir. As-tu quelque chose de spécial à me dire ? Si oui, tu peux parler, je suis tout ouïe.

Mais Dasine réapparut et fit sursauter Anicha et l'animal.

— À qui parlais-tu, Anicha ? demanda-t-elle.

Anicha ne savait que répondre. Elle bafouilla.

— Monsieur le perroquet s'est posé sur moi en me disant bonjour. Ça m'a fait rire et je me suis amusée à lui répondre.

Pensant que le perroquet allait partir, jugeant la situation peu propice pour en dire plus, Anicha retint sa respiration quand elle entendit :

— Mademoiselle, s'il te plaît ! Appelle-moi tout simplement Colet', c'est mon petit nom d'artiste.

Enjouée, Dasine rétorqua :

— D'artiste ? En quoi es-tu une artiste ?

Ce à quoi Colet' répondit :

— Je suis poète. Je délivre mon savoir en clamant des mots que m'inspirent certaines personnes. Mes poèmes leur dévoilent des vérités utiles pour leur futur. Elles sont libres de les entendre, ou pas.

Dasine était subjuguée par ses mots savants.

— Écouter un perroquet, pourquoi pas ? J'adore cette journée décidément !

— Je parle souvent du monde des émotions, comme la colère, la joie, la tristesse... À ma façon, j'éclaire celui qui croise ma route en mettant en lumière ce qu'il se cache souvent à lui-même. Parfois un poème peut changer un regard sur la vie.

Dasine ne pouvait contenir plus longtemps ses interrogations.

— Mais comment croire un perroquet ? Les gens vous écoutent-ils avec sérieux ?

— Je suis protégée grâce au scarabée bleu.

— Comment ? Le scarabée bleu est ton protecteur ? s'exclama Anicha.

— Oui, absolument. C'est lui notre grand inspirateur. Il règne sur notre peuple, nous dit qui aider et nous conseille pour approcher chaque personne. Peu d'entre nous le voient, il préfère rester caché. Mais toi, Anicha, tu as ce privilège de l'avoir vu et même de lui avoir parlé !

Anicha n'en croyait pas ses oreilles. Colet' révélait devant Dasine ce qu'elle croyait secret. En même temps, elle réalisait, par cette confidence, le privilège qu'elle avait eu d'être approchée par le scarabée bleu en personne.

— Mais de quoi parlez-vous toutes les deux ? J'ai l'impression de rêver, s'exclama Dasine.

Anicha regarda Colet', qui lui fit signe de la tête. La jeune fille pouvait se confier à Dasine. Elle raconta alors ce qui lui était arrivé avant d'entamer son périple. Enfin elle pouvait parler du petit peuple à quelqu'un et ne plus garder ce secret pour elle seule. À partir de ce moment, les confidences amenèrent la jeune fille et son hôtesse à sceller leur amitié naissante.

Avec un air concentré, l'artiste se mit à déclamer :

« Je laisse passer le temps
Sans croire en moi
Je me sens si esseulée
Et pourtant
Mon bien-aimé m'attend
Comment me réveiller
À moi-même
Et me faire désirer ?
En commençant par m'aimer
Peut-être tout simplement. »

Puis elle enchaîna :

— C'est pour toi, Dasine.

— Pour moi ? Merci, je ne sais comment prendre ces paroles.

— C'est ce que tu m'inspires. Tu sais, je peux voir des choses à travers toi. J'ai des dons reconnus par le scarabée bleu ! dit fièrement le perroquet.

— « Je me sens si esseulée ?... Comment me réveiller... ? » Pour qui te prends-tu ? Voilà que je parle à un perroquet maintenant ! Je perds la tête !

Ce furent les derniers mots de Dasine. Contre toute attente, troublée par les paroles de l'oiseau, elle disparut en quelques secondes, s'évaporant vers la sortie du jardin.

Anicha et l'animal se regardèrent un instant en silence, désarçonnés par ce retournement de situation. Colet' continua :

— Ne lui en veux pas. Elle te dira ce qui la fait tant souffrir quand elle sera prête. Tu as croisé sa route pour l'aider. C'est pour cette raison que j'ai parlé devant elle. J'ai jugé bon que tu aies une amie à qui tu puisses confier tout ce qui t'arrive depuis cet été. Tu n'as pas de famille ici. Dasine va être importante pour toi.

— Tu dis que je peux l'aider, c'est bien ça ? Mais je te rappelle que je n'ai que seize ans. Je suis encore jeune. Et je dois commencer mes cours dans quelques jours.

— La jeunesse est loin d'être dépourvue d'intelligence. Fais appel à ta spontanéité, le monde en a tant besoin. Fais-toi confiance et remets-t'en au petit peuple, le reste suivra naturellement.

— Mais je ne sais pas comment m'y prendre. J'ai passé toute ma vie dans les livres. Je ne connais rien à rien !

Anicha se surprit à vouloir courir loin elle aussi. C'était dur de tout recommencer à zéro, de ne rien comprendre à ce qui s'était passé ces dernières semaines, de parler à des animaux en secret, d'avoir eu un guide muet pendant sept jours, d'être loin de ses parents. Encore une fois, elle se retrouvait dans une solitude douloureuse. L'unique envie qui émergea en elle fut de se plonger dans un livre, pour ne pas sentir sa tristesse l'envahir.

Elle enviait, en cet instant, les adolescents de son village, insouciants, sûrement en train de jouer ensemble. Être en marge était parfois si difficile. Pourquoi avait-elle choisi de partir ?

— Jeune fille, cesse de t'apitoyer sur toi-même. Reprends tes esprits. Souviens-toi de ce que t'ont dit le scarabée bleu, Naj et le fennec. Va, file retrouver Dasine !

Après une pause, Anicha déposa un baiser sur le beau plumage de Colet' avant de s'en aller d'un pas rapide, en direction du ryad qui l'hébergeait. Elle espérait trouver les mots justes pour calmer son amie. Elle monta dans une calèche pour aller plus vite. Elle éprouva alors le besoin de retrouver sa pivoine. Depuis son départ de l'oasis, pas un jour ne s'était passé sans qu'elle ait un moment avec elle. Et là, quand tout vacillait, elle voulait plus que jamais la retrouver, la respirer et se sentir mieux. Chez Dasine, elle l'avait disposée délicatement dans un vase sur la petite table de la cour intérieure. Tout à coup, elle pensa que son amie ou les gens de la maison l'avaient peut-être déplacée, ou pire, emportée ou jetée. Cette éventualité lui coupa un instant le souffle. Il fallait faire vite avant qu'il ne soit trop tard.

5

La légende qui n'en était pas une

Arrivée sur le seuil de la porte, elle vit une montagne d'affaires. Des hommes s'activaient pour tout disposer correctement dans la cour. Des cris et des sanglots bruyants jaillirent d'une des pièces. La jeune fille prit son courage à deux mains et alla voir de plus près.

— Que fais-tu là ? lui demanda Dasine, en l'apercevant à l'entrée de la porte de sa chambre.

On aurait dit une autre femme, envahie par l'agressivité. Le bel homme en face d'elle lui faisait de l'ombre par sa taille.

— Qui est cette fille ? s'emporta-t-il.

— Je l'ai accueillie il y a quelques jours dans la maison, elle était inconsciente dans la rue et les hommes qui l'accompagnaient m'ont suppliée de prendre soin d'elle. Je m'en serais voulu de ne pas lui venir en aide. Elle venait de traverser une partie du désert. Elle vient étudier dans l'une des écoles de la ville.

— Depuis quand ouvre-t-on les portes de chez nous à des inconnus ? Qui sait si elle ne ment pas et si elle ne va pas piller la maison ? Que ta naïveté te perde !

Sur ces mots, l'homme claqua la porte et rejoignit ses coéquipiers dans la cour.

Dasine était effondrée, elle n'arrivait pas à ravaler ses sanglots. Anicha jugea bon de rompre ce silence embarrassant.

— Dasine, je suis désolée que ma présence te cause du souci. Je vais prendre mes affaires et trouver un autre lieu. Tu as déjà fait beaucoup pour moi. Je vais pouvoir démarrer mes cours grâce à toi. Dès que j'aurai trouvé un logement, on se reverra au jardin si tu veux.

Tout en parlant, elle aperçut avec soulagement la pivoine exactement à l'endroit où elle l'avait laissée.

— Merci, Anicha. Je suis navrée. Mon mari vient d'arriver de son expédition. Il est rentré trois jours plus tôt que prévu. En plus, de mauvaise humeur. Il n'a visiblement pas obtenu les échanges commerciaux sur lesquels il comptait. Il en oublie l'amabilité. Je pense effectivement qu'il vaut mieux, pour toi, éviter sa compagnie. Va de ma part à l'herboristerie située à vingt minutes d'ici. Je te dessine le plan pour ne pas que tu te perdes. La femme qui tient la boutique est une personne de confiance, je vais souvent chez elle lui acheter des remèdes. Elle m'a dit récemment avoir une chambre libre, maintenant qu'elle a marié sa dernière fille. Elle te la louera sûrement à un prix très intéressant.

Anicha se jeta dans les bras de son amie.

— Dasine, je vais trouver quelqu'un qui puisse m'aider à porter mes bagages et je te laisse tranquille. Tu as été comme une fée à mon arrivée. J'ai hâte de te retrouver dès que tu le pourras.

— Je viendrai te voir le moment venu. Maintenant, d'autres belles choses t'attendent.

Elle n'évoqua pas l'entrevue avec le perroquet. Elle était sûrement encore sous le choc d'avoir vu un oiseau prendre la parole.

Le soir même, Anicha s'installait dans son nouveau logement, au sud de la ville, dans un quartier réservé aux commerces en tous genres. La bâtisse paraissait toute petite, entourée de deux belles demeures imposantes. À l'intérieur du magasin, les murs étaient envahis de petits tiroirs en bois empilés les uns sur les autres. Des mots savants étaient inscrits sur chacun d'entre eux: *Allium sativum, Juniperus communis, Lavendula officinalis, Thymus vulgaris…*

Le comptoir était encastré dans un olivier qui avait poussé au milieu de la pièce. Il faisait office de pilier. Une table avait soigneusement été taillée autour du tronc. L'arborescence envahissait l'espace au-dessus des têtes des clients. Anicha, malgré sa grande tristesse de ne pas habiter chez Dasine, était finalement ravie à l'idée de pouvoir étudier dans un espace si original, pour une somme dérisoire. De toute évidence, l'herboriste était la plus réputée de la ville, elle ne faisait donc pas gîte d'accueil pour l'argent.

Madame Malik était une femme petite, d'à peine un mètre cinquante-cinq, et toute fine. Elle avait gardé un corps d'enfant alors qu'elle approchait sûrement de la cinquantaine. Son regard bleu était vif et son allure mettait tout de suite à l'aise. Sa peau était métissée et ses cheveux mi-longs bouclés lui donnaient un air mutin.

— Si tu le souhaites, nous pourrons dîner ensemble parfois, tu pourras m'expliquer ce que tu apprends en cours. Je suis curieuse et toujours avide d'apprendre, dit-elle. Viens, je vais te montrer ta chambre.

Juste au-dessus de l'échoppe, la nouvelle locataire prit connaissance de l'espace qui lui était réservé. Une vasque était disposée dans un recoin, derrière un paravent, pour la toilette. Et la fenêtre donnait sur une rue calme et très éclairée.

Ici, Anicha allait pouvoir désormais se consacrer à ses cours dans d'excellentes conditions. C'est du moins ce qu'elle espérait.

Elle se dit qu'en quelques jours, elle avait sympathisé avec plus de personnes qu'en seize ans d'existence dans l'oasis.

Au bout de trois semaines, sa famille lui manquait terriblement et l'ennui commençait à l'envahir, à l'image du ciel qui se couvrait d'épais nuages gris. La fraîcheur pointait son nez de façon précoce en cette fin septembre. Les cours s'enchaînaient et apaisaient l'impatience de la jeune élève, qui n'avait pas perdu sa soif d'apprendre. Anicha se retrouvait parmi une centaine d'étudiants, tous issus des classes aisées de Marrakech. À chaque nouvelle rentrée, une place était réservée à une famille qui n'avait pas les moyens de payer les frais d'inscription exorbitants. Anicha était l'heureuse élue cette année-là. Elle qui n'avait que sa richesse intérieure avait le sentiment persistant d'être un peu à part. Elle assumait ses origines modestes, mais elle n'était pas encore très à l'aise avec les nouveaux codes de la ville et de ses habitants. Dans les moments de doute, elle essayait de se rappeler la force ressentie en présence du scarabée bleu. Mais le souvenir s'estompait de jour en jour.

L'école n'était pas très grande. Les classes, disposées en arc de cercle, dans plusieurs blocs refaits à neuf, donnaient sur une petite cour centrale. La dizaine de professeurs avait à cœur de donner aux élèves une ouverture sur le monde et un accès aux progrès. Les règles de vie étaient fondées sur la solidarité et la collaboration entre les jeunes. Le professeur Moustache, comme ils l'appelaient, dirigeait l'école depuis sa création trente ans auparavant. C'était un drôle de personnage qui avait inventé sa propre méthode d'enseignement, et les riches familles de la ville le citaient souvent en exemple pour ses qualités humaines et sa passion pour l'enseignement. Petit et rond, avec une grande moustache brune relevée sur les côtés qui tranchait avec ses cheveux grisonnants, il aimait à rappeler aux parents la philosophie de son établissement :

« Vous avez fait le choix d'inscrire vos enfants dans une école où leur épanouissement est notre priorité. Nous déployons toute notre énergie pour qu'ils trouvent leur place dans la société. Ceci ne peut s'accomplir sans votre collaboration. À la fin d'un cycle, je m'engage à ce que les élèves soient éveillés aux problématiques de notre pays, et, plus généralement, à ce qu'ils s'intéressent à ce qui se passe au-delà de nos frontières ! Je fais chaque année le même pari : qu'ils soient capables d'avoir un jugement autonome et en mesure d'enrichir la vie sociale par leurs propres potentialités, rien de moins ! Notre monde a besoin de personnes qui croient en elles, qui osent, qui imaginent et explorent. Ici, pas de place pour les moutons ! La pensée se travaille, s'affine et chaque élève a la capacité d'innover. Si on croit en lui, il croira en lui. Ici, je veux des jeunes qui rient, qui créent, qui bougent les lignes. Comptez sur nous pour leur offrir un cadre pour y parvenir. »

Les parents, enchantés, savaient qu'eux aussi devaient se montrer investis. Certains en éprouvaient de la pression, mais devant l'aura du professeur Moustache, ils ne pouvaient se dérober à leurs responsabilités.

Madame Malik s'était présentée le premier jour d'école aux côtés d'Anicha. Même si la jeune fille avait eu un pincement au cœur en entendant le discours du professeur sans la présence de ses parents, elle appréciait à sa juste valeur l'implication spontanée de sa logeuse.

Après l'école, toutes deux prenaient goût à passer leurs soirées ensemble au milieu des odeurs enivrantes des plantes. Anicha observait les mixtures préparées pour certains patients. Chaque graine, mélange et préparation étaient soigneusement rangés dans les petits tiroirs en bois annotés. Une tisane toujours chaude à disposition, parfois une part de gâteau, et surtout quelques mots appropriés attendaient les visiteurs. On ne tarissait pas d'éloges sur cette drôle de dame, d'après eux plus perspicace que les médecins.

Anicha observait, dans un coin, le défilé des clients aux heures les plus demandées. Femmes qui ne pouvaient pas avoir d'enfant, maux de tête inexpliqués, peaux brûlées… Quand le magasin redevenait calme, madame Malik se reposait beaucoup, lisait des livres sur la chimie ou tentait des expériences dans son arrière-boutique. Un petit jardin où elle faisait pousser ses plantes était aménagé à l'arrière de la maison. Personne ne pouvait y accéder. Sauf Anicha.

L'herboriste se surprenait à éprouver une affection grandissante pour sa locataire, voire à rechercher sa compagnie. Elle découvrait une nouvelle forme de partage. Car la jeune fille avait bien changé depuis cet été. Sortie de son mutisme, elle se montrait curieuse, avenante et un rien l'amusait. Comme s'il fallait rattraper le temps perdu, tout devenait prétexte à apprendre, cette fois d'une autre source que les livres. Avide de contacts avec les autres, elle posait des questions et n'hésitait pas à donner son point de vue grâce à la culture dont elle était dotée. Mais dénuée de toute arrogance, elle n'oubliait jamais d'où elle venait.

Un jour, l'ambiance de la soirée invitait aux confidences. La jeune fille se lança et dit sans savoir trop comment :

— Connaissez-vous le petit peuple et le scarabée bleu, madame Malik ?

— Oui, Anicha, cette histoire est très belle. Je la racontais à mes filles quand elles étaient petites.

— Comment ça, vous la racontiez ? Mais vous l'avez déjà vu ?

— Veux-tu parler du scarabée de l'histoire ? Bien sûr que non, enfin, mon enfant ! C'est une légende que mes propres parents me racontaient aussi. Elle se transmet de génération en génération, en tout cas dans certaines familles. C'est un conte, rien de plus. Mais visiblement il t'a marquée au point d'y croire ! Ne perds surtout pas ta candeur, mais ne prends pas au pied de la lettre tout ce qu'on te dit !

Anicha ne dit mot. Alors comme ça, le scarabée bleu était une légende pour la plupart des gens, chuchotée à l'oreille des enfants pour les endormir. Rien de plus.

Elle décida de changer de sujet. De toute évidence, elle n'en saurait pas plus ce soir. De retour dans sa chambre, elle repensa à sa discussion avec madame Malik. Le scarabée bleu aurait-il pu être le fruit de son imagination ? Ce soir-là, elle prit la ferme résolution de mener l'enquête.

Dès le lendemain, après les cours, elle fila dans la bibliothèque de la ville, située non loin du jardin botanique, à la recherche de livres sur le petit peuple. Un rayon entier était consacré aux légendes universelles, mais aucune trace du scarabée bleu. Était-ce une histoire racontée uniquement oralement ? Colet' pourrait sûrement le confirmer. Elle partit d'un pas rapide à la recherche du perroquet savant.

Dans le parc, elle fouilla dans les moindres recoins, aucune trace de l'oiseau. Au bout d'une heure, elle s'assit sur un banc sculpté dans la pierre, ferma les yeux et pensa très fort à lui. C'était l'un des secrets dévoilés par le scarabée bleu à la veille de son départ de l'oasis : « Quand tu désires quelque chose très fortement, ferme les yeux, imagine que tu l'as en ta possession, ressens-le dans ton cœur. Ainsi, peut-être auras-tu la chance de voir ton souhait se réaliser. »

Anicha ouvrit les yeux. Colet' était posée sur le dossier du banc comme si de rien n'était.

— Oh, Colet', comme je suis heureuse de te revoir ! J'ai cru un instant que tu t'étais volatilisée dans les airs comme si tu n'avais été qu'un songe. J'ai besoin de savoir une chose. J'ai compris en parlant avec ma logeuse que le scarabée bleu alimentait une légende apparemment connue. J'ai cherché à la bibliothèque un livre sur le sujet. Je n'ai rien trouvé, pas même une petite trace ou un indice ! Comment est-ce possible ?

— Le petit peuple a toujours existé. Depuis la nuit des temps, il apparaît d'une façon ou d'une autre à ceux qui sont prêts à recevoir ses messages et à les mettre en pratique dans leur propre vie. Certains ont reçu ce cadeau et ne l'ont pas compris, gardant bien caché le secret à leur seul profit. Car, n'oublie jamais une chose : la finalité est d'en faire bénéficier également les autres. Ceux-là ont tout perdu par la suite. D'autres, la majorité, ont intégré les messages puis ont perdu leurs sens en chemin. Ils ont repris peu à peu leur vie d'avant en oubliant le petit peuple pour finir par ne plus y croire du tout. Et quelques-uns, après avoir reçu la visite d'un ou de plusieurs membres du petit peuple, ont vu leur vie se transformer entièrement ainsi que celle de beaucoup d'autres. Ceux-là perpétuent ce savoir chacun à leur manière. Aucun d'eux n'a eu l'idée de le consigner par écrit, tout simplement. S'il t'apparaît un vide dans la bibliothèque, c'est sûrement un signe à prendre en compte.

Une idée surgit dans la tête d'Anicha. Elle songea à l'épreuve qui avait lieu tous les trimestres dans son école : passer un oral sur une œuvre personnelle devant une assemblée de grands sages, les familles et les amis.

Le professeur Moustache voulait marquer chaque fin de trimestre par un moment fort et festif pour encourager les élèves à poursuivre leur année.

— J'aimerais écrire mon œuvre sur le petit peuple. Qu'en dis-tu ?

— Pourquoi pas ! Tu es la seule à détenir ta vérité. N'oublie jamais que même si tu croises des êtres extraordinaires sur ta route, ou d'autres aux intentions douteuses, qui te diront quoi faire de ta vie, interroge d'abord ta fleur, elle seule possède la vérité. Souviens-toi d'une chose. La pivoine est le symbole de la fille que tu es. Personne ne peut savoir à ta place. Nous ne sommes que des guides pour éclairer ton chemin.

6

Dasine

Après cette entrevue, Anicha repartit pleine d'énergie. Elle ne pensait plus qu'à travailler à son devoir sur le scarabée bleu. Elle éprouvait le besoin grandissant de parler à une autre amie, humaine cette fois. Dasine pourrait éventuellement lui être de bon conseil, maintenant que deux semaines étaient passées. Comment la contacter sans croiser son mari ? La pivoine lui donnerait l'inspiration.

De retour dans sa chambre, devant sa commode face au miroir, elle la regarda, respira son arôme, se laissa envahir par la réponse qu'elle pourrait recevoir. Aussitôt, elle eut une intuition. Son amie allait mal. Il fallait trouver un moyen rapide de se rendre chez elle. Elle n'aurait su dire pourquoi. Mais il s'agissait d'une nécessité absolue.

Cinq minutes plus tard, elle courait dans le chaos des allées poussiéreuses de la vieille ville. La chaleur et le ciel bleu étaient de retour comme en plein mois de juillet, contrastant avec les journées fraîches de la semaine passée.

Arrivée devant la porte fermée, elle fut bien embarrassée. Pas le moindre trou dans la porte en bois ou dans les murs pour espérer entrevoir l'intérieur du patio. Le risque était grand de tomber nez à nez avec le mari aux allures de chercheur d'or.

Malgré tout, elle prit son courage à deux mains et frappa à la porte. Aucun signe de vie.

— Y a-t-il quelqu'un ? se mit-elle à crier.

— Que vous arrive-t-il ? La question provenait d'une voix masculine derrière elle.

— La femme qui vit ici est une amie. Je voudrais la voir. Et c'est étrange, personne ne m'ouvre.

— Je suis son voisin. Madame Dasine ne va pas bien du tout. Elle a été transportée à l'hôpital, à l'autre bout de la ville.

— Comment est-ce possible ? interrogea Anicha, la voix emplie de frayeur.

— Apparemment une mauvaise chute, d'après son mari. Il est à son chevet et craint le pire.

Depuis sa naissance dans l'oasis, Anicha avait toujours été épargnée par les mauvaises nouvelles. La grande Cité lui montrait un nouveau visage de la vie. Abasourdie, elle frissonna à l'idée de revoir Dasine dans un drôle d'état.

— Ce n'est pas possible. J'ai besoin de la voir de toute urgence. Je veux l'aider, répondit Anicha à l'inconnu.

— Son mari a interdit toute visite. Il semble tellement triste. Je pense qu'il ne veut pas montrer son chagrin.

— Merci de m'avoir informée. Au revoir.

Anicha voulut ainsi abréger la conversation. Elle en savait assez. Elle devait maintenant trouver où se situait exactement l'hôpital. Un homme tirant un âne passait par là. Elle l'accosta sans une once d'hésitation. Elle était si sûre d'elle que rien ni personne n'aurait pu l'arrêter. Contre une pièce, l'homme accepta de l'emmener à bon port.

Elle le remercia à peine et partit à la hâte au chevet de son amie. L'hôpital se trouvait dans un vieux palais délabré au nord de la Cité. Austère, il ne donnait pas envie de s'y attarder. Une fois à l'intérieur, Anicha passa discrètement de chambre en chambre, éberluée par le spectacle affligeant qui défilait sous ses yeux. Un râle sourd venait briser le silence funèbre d'une pièce, ailleurs dans une autre allée, des images de torpeur s'imprimaient dans la tête de la jeune fille. L'horreur montrait son vrai visage. Anicha aurait voulu crier, s'enfuir de ce lieu qui semblait hanté. Elle croisa une infirmière au visage aussi pâle que les malades et lui demanda de lui indiquer la chambre de Dasine. Elle lui montra du doigt la direction tout en marmonnant. La pièce était située au bout d'un couloir lugubre. Enfin, Anicha aperçut son amie au milieu d'une pièce aux murs gris, dans un lit dont le socle était rouillé. Elle était allongée, les yeux fermés.

— Dasine, c'est moi, prononça doucement Anicha.

Dasine sursauta et jeta un regard effrayé à sa visiteuse inattendue.

— Va-t'en, ne reste pas là. Il peut arriver d'une minute à l'autre.

— De qui parles-tu ? De ton mari ? Mais pourquoi as-tu si peur de lui ? T'a-t-il fait du mal ?

— C'est un homme si fragile. Il se cache derrière une façade de dur à cuire. Mais au fond, il est gentil. Tu es si jeune, tu ne peux pas comprendre ces problèmes d'adultes.

— Je veux t'aider. Pourquoi es-tu dans ce lit ?

— Nous nous sommes disputés, toujours pour la même histoire. Je voudrais qu'il parte moins souvent loin de moi. J'aimerais fonder une famille. Mais lui ne se sent bien qu'à la conquête de nouvelles terres. Il se fiche de moi et je ne fais que l'attendre tout le temps.

— Mais comment une dispute t'a conduite à l'hôpital ?

— Il s'est énervé, me disant que je ne faisais rien de ma vie. J'ai reculé et je suis tombée dans l'escalier. J'ai dévalé les marches, ma colonne vertébrale a tout pris. Les médecins me disent que je ne remarcherai plus.

Dasine prononça cette dernière phrase de façon presque inaudible. C'est alors qu'Anicha ouvrit la bouche malgré elle. Un flot de paroles en sortit, comme soufflé par quelque chose qui la dépassait.

— Je suis si désolée de ce qui t'arrive. Tu sais, d'où je viens, j'ai toujours entendu dire qu'il ne fallait jamais se sentir vaincu. En t'écoutant, je repense à une histoire vraie de mon village. Un jour, je n'étais alors qu'un bébé, mon grand-père a été mordu dans le désert par un animal bizarre dont on n'a jamais retrouvé la trace. Le sage de l'oasis a dit à ma grand-mère, je l'ai appris bien plus tard, que mon grand-père allait sûrement mourir. Et il n'en fut rien. Une semaine après s'être reposé et s'être toujours imaginé reprendre des forces, il était de nouveau debout sur ses deux jambes et la vie reprenait son cours. Ma mère m'a souvent raconté cet épisode marquant pour elle. Elle me disait qu'il avait un moral d'acier, qu'elle l'avait souvent surpris en train de se concentrer pour chasser le poison en lui. Tout le monde était admiratif de son comportement si vaillant qui ne laissait aucune place à la peur. Dans le village, on le cite souvent en exemple depuis ce moment. Si tu imaginais toi aussi remarcher, peut-être que ton corps entendrait ta volonté ?

— Ton grand-père a eu de la chance, et surtout une force de caractère que je n'ai pas. C'est décevant, n'est-ce pas ?

— Décevant, mais pas du tout. Excuse-moi, tu as mal interprété mes paroles. Et tu parles comme si tout s'arrêtait maintenant. Dasine, je vais revenir avec le perroquet, d'accord ? Le petit peuple peut te venir en aide, j'en suis sûre !

— Ce perroquet qui fait la leçon, tu plaisantes !

À cet instant, le mari entra dans la chambre, furieux.

— Encore toi ! Que fais-tu là ?

— Je suis venue prendre des nouvelles de votre femme. Je m'inquiétais.

— Ce n'est pas un endroit pour une fille de ton âge ici.

— Elle a besoin de se sentir entourée. Elle souffre et je veux l'aider. Elle m'a accueillie alors que j'étais évanouie, c'est la première personne qui m'a ouvert les bras à mon arrivée. Je ne l'oublierai jamais.

— Tu m'as l'air sacrément effrontée pour ton âge ! Quel âge as-tu d'ailleurs ?

— Seize ans, monsieur. Je suis venue de loin pour étudier ici. Je veux devenir institutrice.

— Tu es donc seule ici, sans famille ? Et tes parents t'ont laissée partir pour cette grande ville ? Ce n'est pas croyable.

— C'est pourtant la vérité.

Pour la première fois, le visage du mari se détendait. Il semblait si étonné par ce que dégageait la jeune fille. Il prit enfin le temps de l'observer et de lui porter attention. Sa femme, au début apeurée, regarda la scène avec étonnement. Le dialogue allait-il enfin être possible ?

Dans cet hôpital sans âme, un rayon de soleil réussit à entrer par une lucarne entrouverte et illumina toute la pièce. Anicha, Dasine et Léon se scrutaient, un sourire se dessina sur leurs lèvres.

Pendant les deux heures qui suivirent, Anicha réconforta son amie en lui redonnant espoir. Elle laissait les mots puissants la traverser et acceptait ce qui se passait en elle. Sans qu'elle sache comment, ce qu'elle disait faisait de toute évidence du bien. Au bout d'un moment, Dasine avoua à Léon qu'elle mourait de faim. Il décida sans plus attendre d'aller à la recherche de cornes de gazelle, le péché mignon de son épouse. Il proposa à Anicha de l'accompagner. Ce qu'elle accepta, malgré sa réserve. Tout en marchant à l'air libre, il prit la parole.

— Merci, Anicha, pour tes mots. Nous avons beaucoup de chance de t'avoir rencontrée. Mon épouse ne parle pas à grand monde. Quand je suis en voyage, elle ne sort quasiment pas du ryad. Je ne sais même pas comment elle arrive à occuper ses journées. Je suis tellement en colère après elle ! avoua soudainement Léon.

— Pourquoi une telle colère ? Elle vous aime éperdument et vous attend. C'est beau, ne croyez-vous pas ?

— Mais, quand je rentre, je voudrais qu'elle m'apprenne des choses elle aussi, qu'elle soit curieuse, qu'elle explore à sa manière la vie et soit heureuse de me revoir pour partager tout ce qu'elle a découvert en mon absence. Or, à mon retour, je trouve une femme à mes petits soins, et c'est formidable, mais elle n'a aucune conversation. Elle ne s'intéresse même pas à ce que j'ai pu vivre lors de mes expéditions ! Il n'y a qu'un sujet dont elle voudrait que l'on parle : de la possibilité que je ne parte plus !

— Je comprends. Cela doit être frustrant quand on a tant à raconter ! Mais lui avez-vous fait part de tout ce que vous êtes en train de me dire ?

— Absolument pas, elle ne comprendrait pas.

— Comment peut-elle deviner ce que vous avez en tête ? Elle subit vos colères, sait que quelque chose vous froisse ou vous rend malheureux. Mais elle n'ose pas vous interroger à ce sujet. Elle fuira la réalité tant que vous ne la mettrez pas face à la vérité. Je ne connais rien à l'amour, mais ça saute aux yeux : elle a peur que vous l'abandonniez. Peut-être imagine-t-elle même que vous rencontrez d'autres femmes pendant vos voyages. Elle est triste, alors que vous pourriez être si heureux dans vos cœurs. Elle voulait même arrêter de vivre quand je suis arrivée ce matin.

— Comment une jeune fille peut exprimer des paroles aussi sages ?

Anicha fit une pause et prit conscience des paroles qu'elle venait de prononcer spontanément. Elle ne se reconnaissait pas. Elle se ressaisit pour répondre.

— Je ne sais pas, j'écoute mon cœur et je le laisse parler. Les paroles me viennent ainsi, naturellement. C'est aussi simple que cela. Je dois vous avouer que je ne connaissais pas cette partie de moi il y a encore peu de temps. Disons que j'ai fait des rencontres déterminantes. Des êtres incroyables sont venus me voir…

Anicha tentait prudemment de parler du petit peuple. Elle ne perdait jamais de vue son enquête. En y faisant une légère allusion, elle voulait voir la réaction de Léon, lui qui avait vu tant de choses dans le monde.

— Comment ? Tu veux parler du scarabée bleu, c'est ça ?

— Heu, peut-être. Vous le connaissez ?

— Un jour, j'étais parti en excursion à travers le désert et je voulais en profiter pour retrouver mon père, habitant une oasis. Je suis tombé dans le sable, mort de soif, et j'ai cru voir un serpent devant moi. Il ne m'a pas mordu, mais dans mon délire je l'ai entendu mentionner le scarabée bleu. Il m'a parlé un peu comme tu l'as fait. Puis, je me suis évanoui. Au réveil, au milieu d'une nuit fraîche, j'ai repris mes esprits et rassemblé mes forces pour terminer le voyage. Et j'ai pensé que j'avais rêvé. Quand je suis enfin arrivé à l'oasis, après la joie des retrouvailles, mon père m'a demandé en riant si je n'étais pas tombé sur un drôle de serpent dans le désert. J'ai acquiescé sans trop m'étendre sur le sujet car je mettais cette rencontre sur le compte d'un délire. Alors il m'a dit qu'un serpent intelligent apparaissait parfois sur notre chemin et qu'il appartenait au monde du scarabée bleu. Je n'y ai pas prêté plus d'attention que ça, je préférais parler avec mon père de sujets plus intéressants à mes yeux. Mais, à la suite de notre conversation, cela me revient à l'esprit.

— Alors vous ne savez pas de quoi parlait vraiment votre père, finalement ?

— Non, en fait pas du tout. Mon père est très vieux et à la fin de sa vie. À toi de m'en dire plus, maintenant.

— Allons retrouver Dasine. Elle connaît le sujet et je pense qu'elle sera heureuse que nous puissions en discuter tous les trois.

Effectivement, quand Dasine vit Anicha et Léon arriver dans sa chambre, visiblement complices, elle n'en crut pas ses yeux. Son mari était apaisé et si impatient de la voir. Quant à Anicha, elle souriait d'un air malicieux, satisfaite de voir enfin ce couple en voie de faire la paix.

Léon prit la main de sa bien-aimée. Puis il relata comment ils en étaient arrivés à parler du scarabée bleu. Dasine enchaîna en avouant sa réaction face à Colet' dans le jardin botanique. Anicha sentit que le moment était venu de s'éclipser. Elle les salua, ils la serrèrent dans leurs bras tendrement et promirent de se revoir bientôt.

Elle venait de découvrir son véritable pouvoir, celui de redonner l'étincelle à ceux qui l'avaient perdue.

7

L'école de la vie

Une légère pluie était tombée sur la Cité et avait rafraîchi l'atmosphère. Une fragrance délicate s'en dégageait. À la sortie de l'hôpital, tout paraissait tellement beau et contrasté aux yeux d'Anicha. Elle rentra chez madame Malik, qui observa avec beaucoup d'attention sa jeune locataire enjouée.

Anicha raconta en détail comment elle avait, à sa manière, incité Dasine et Léon à se parler. Elle avoua son inquiétude concernant son amie qui ne retrouverait sûrement pas l'usage de ses jambes facilement. Et soudain, elle vit une lumière s'allumer dans les yeux de sa logeuse.

— Je pourrais peut-être travailler à un remède pour cette femme à qui tu tiens tant, déclara avec enthousiasme madame Malik.

— Ah oui ? Vous croyez ?

— Essayons. Tu vas m'aider !

— Vous allez m'apprendre comment vous faites vos mixtures ?

— Pourquoi pas ? Malgré tout l'amour que j'ai pour mes filles, elles ne se sont jamais intéressées à ce que je faisais. Et même si je les ai toujours soignées efficacement avec mes remèdes, aucune des deux n'a eu d'attrait pour ce métier. Je ne leur en veux pas. Leur chemin est ailleurs. Mais j'ai toujours eu cette petite frustration de ne pas pouvoir leur transmettre mes connaissances. Peut-être que toi… Enfin, tu verras. Tu te feras ta propre idée.

— Merci de me faire confiance, répondit Anicha, émue.

— Eh bien, commençons sans plus attendre, enchaîna madame Malik. Nous avons toute la soirée devant nous !

Elles s'installèrent dans l'arrière-boutique, qui donnait sur le jardin privé.

Autour d'un petit guéridon, madame Malik expliqua à son élève, avec des mots simples, les fondamentaux à connaître. Les plantes possédaient mille vertus et devenaient de véritables alliées si elles étaient mélangées, séchées, conservées et dosées correctement. Il n'y avait rien de sorcier dans ses mélanges, mais plutôt une grande maîtrise des sciences naturelles.

— Tu vois, Anicha, j'ai choisi quatre espèces et deux sortes de fleurs pour leur couleur, leur texture et leurs qualités bien spécifiques. Je vais extraire de leur mélange une substance adaptée au problème de Dasine. Déjà, je mettrais ma main à couper que cette si belle femme se nourrit très mal depuis longtemps. Elle doit sûrement manger beaucoup de gâteaux sucrés. Un jour, elle est venue à la boutique et m'a dit s'ennuyer tout au long de ses journées. À force d'ingérer trop de sucre, son corps s'affaiblit. Le sucre en excès est l'aliment de la tristesse. Souviens-toi bien de ça, Anicha.

— Et les gâteaux alors ? Moi qui commence justement à y prendre goût !

— Écoute-moi bien. À l'inverse, j'ai aussi connu une femme qui ne mangeait jamais quoi que ce soit de sucré, elle n'aimait pas ça. Eh bien, elle manquait d'enthousiasme, et un jour, elle est tombée malade. Elle n'avait rien de particulier, si ce n'est que son âme manquait terriblement de douceur. Je lui ai conseillé de manger une fois par jour un petit gâteau au miel de son choix. Cela a suffi à lui redonner goût à la vie. Comme quoi, tu vois, tout ce que la nature nous offre est un cadeau, il suffit de s'en nourrir avec modération. C'est la clé du succès.

Anicha se remémora sa vie dans l'oasis.

— Là où j'ai grandi, je mangeais n'importe comment. Je n'avais pas bonne mine. On m'a conseillé de manger des fruits, des légumes et d'autres aliments bons pour la santé. Je pense que mon alimentation a contribué à changer ma façon de vivre et de voir la vie.

Elle se garda bien de reparler du scarabée bleu. Ce n'était pas le propos.

— Les aliments sont notre meilleur médicament, et les plantes viennent soutenir notre santé. C'est aussi simple que cela. Leur couleur a son importance aussi. Regarder du vert améliore le fonctionnement du foie par exemple. Tu ne trouveras pas ça dans les manuels, car là, je te parle d'un autre savoir. C'est le résultat de mes observations et de mes expériences. Et aussi, rappelle-toi toujours ceci : corps, esprit et âme forment un tout. Si l'un se dérègle, c'est toute la machine qui ralentit. Mais revenons à notre remède. Peux-tu aller me cueillir une pivoine dans le jardin pendant que je mélange tout le reste ? La pivoine est très puissante, surtout pour les femmes. Elle a le pouvoir de mobiliser notre feu intérieur. On va utiliser ses pétales dans notre mixture.

— C'est drôle que vous me parliez de pivoine. J'en ai une dans ma chambre. Elle est étonnante. Elle ne fane jamais.

Madame Malik releva alors la tête, intriguée.

— Que dis-tu ? Puis-je la voir ?

Anicha monta aussitôt dans sa chambre, enthousiaste à l'idée de montrer sa fleur pour la première fois. Quand elle s'approcha du vase, elle vit avec stupéfaction le scarabée bleu posé en plein cœur de la fleur.

— Oh, scarabée bleu ! Que faites-vous là ? Je ne m'attendais pas à vous voir maintenant ! Cela fait longtemps…

— Nous n'avons pas beaucoup de temps, alors ouvre grand tes oreilles, mon enfant.

— Je vous écoute.

— Ne montre pas ta fleur, elle t'appartient, c'est ton secret. Tu as de l'affection pour ta logeuse. Mais elle ne croit pas au scarabée bleu, et donc elle ne croira pas à une fleur qui ne fane pas. Tu perdrais sa confiance en essayant de la convaincre d'une chose à laquelle elle n'a pas accès.

— Mais je ne comprends pas. S'il y a bien une personne ouverte aux messages envoyés par la nature, c'est elle !

— Certes. Mais elle s'en tient à ses remèdes. Elle ne veut pas voir plus loin. La preuve, pour elle, la légende du scarabée bleu n'est qu'un conte pour enfants. Rien ne sert de la convaincre. En revanche, tout ce qu'elle t'apprend va compléter précieusement ton savoir. Reçois son enseignement sans crainte. Elle est dans le vrai et il te sera précieux pour la suite. J'ai voulu que tu sois accueillie chez elle, ce plan fait entièrement partie de ton initiation.

— C'est vous qui êtes encore derrière ces rebondissements ? Vous êtes incroyable. Dites, est-ce que mon amie Dasine pourrait aussi avoir une pivoine qui ne fane jamais ?

— Crois-tu vraiment que toute personne à qui nous nous adressons reçoit une fleur comme la tienne ? Eh bien non, Anicha, tu es la seule à en avoir une avec un pouvoir si particulier. Elle est à ton image. Je ne t'en dis pas plus, tu comprendras bien assez tôt.

En prononçant cette dernière phrase, le scarabée bleu turquoise déploya ses ailes, qui laissaient entrevoir un faisceau de couleurs, et il s'envola. Il trouvait toujours des fenêtres entrouvertes.

— Anicha, que fais-tu ? Tu es bien longue ? cria madame Malik d'en bas.

— J'arrive, j'arrive ! répondit Anicha un peu embarrassée.

Une fois descendue, elle expliqua que, contre toute attente, sa pivoine avait finalement fané. Elle l'avait donc jetée à la poubelle et en avait profité pour aérer un peu sa chambre. Cette explication sembla suffire à madame Malik.

Elles poursuivirent ce qu'elles avaient commencé jusqu'à tard le soir. Le lendemain, Anicha pourrait se reposer de cette courte nuit.

Avant de s'endormir, elle songea de nouveau au scarabée bleu et se dit qu'un destin particulier l'attendait. Finalement, peut-être ne serait-elle jamais institutrice ? Les prémices d'une voie différente se faisaient sentir.

Après quelques heures d'un sommeil réparateur, la jeune fille avait hâte de porter le remède à son amie. Pourtant, elle ne pourrait pas le faire avant quelques jours. Chaque plante devait infuser une bonne semaine avant de révéler ses bienfaits.

Aujourd'hui, dimanche, elle avait rendez-vous avec Leï, l'une des rares filles de son école, de qui elle s'était rapprochée dès les premiers jours de cours. Car l'établissement accueillait principalement des garçons. Tous issus de milieux aisés, ils n'avaient été entourés que de femmes discrètes, pour ne pas dire transparentes à leurs yeux. Et ils étaient plutôt réfractaires à l'idée que des filles puissent être leurs égales. Mais voilà que deux adolescentes osaient se cultiver à leurs côtés ! Ils avaient du mal à avaler la pilule, surtout face à l'intelligence vive d'Anicha. Cette dernière, pas encore très sûre d'elle, suivait les leçons avec une facilité déconcertante, tout en restant en retrait à force de subir les moqueries des autres. Malgré tout, elle ne se laissait pas déstabiliser, mais nourrissait de l'amertume d'être encore une fois mise de côté. En Leï, sa voisine de table, elle avait tout de suite trouvé une alliée pour contrer la solitude pesante des premières semaines de cours.

Plus les méchancetés des autres s'accentuaient, plus leur duo se renforçait. Leï appréciait particulièrement la fraîcheur d'Anicha et ses paroles si matures. Elle parlait peu, mais chaque mot qu'elle prononçait avait du sens. Anicha, quant à elle, découvrait la légèreté de son amie, qui avait un rire contagieux. Ensemble, elles bâtissaient une amitié fraternelle.

Après s'être perdue dix fois, Anicha arriva enfin chez Leï et fut éblouie par la beauté de la maison située aux abords des remparts, à l'ouest de la ville. Tout était arrangé avec goût et le luxe s'exposait avec délicatesse dans ce qui ressemblait ni plus ni moins à un palais.

Le père de Leï était l'héritier d'une grande famille de producteurs de dattes. Seule fille dans une fratrie de quatre enfants, Leï était l'aînée. Ses trois frères encore en bas âge la sollicitaient beaucoup. Sa mère était morte d'une maladie incurable deux ans plus tôt. Même si son père s'absentait souvent, il chérissait sa fille plus que tout et quand elle lui avait annoncé qu'elle voulait étudier, il avait accepté avec fierté. Elle avait une vraie passion pour l'architecture. Elle s'imaginait construire des écoles, un hôpital, des maisons où il ferait bon vivre. Elle avait déjà en tête des plans bien précis malgré son jeune âge.

Aujourd'hui, Leï portait sa plus belle tunique rose orangé et des babouches assorties. On aurait dit un bonbon acidulé.

— Viens dans ma chambre, on sera bien pour réfléchir à notre sujet d'étude, lança-t-elle, impatiente de passer un moment avec sa nouvelle complice. Par quoi commence-t-on ? Veux-tu m'exposer ton sujet en premier ? Je te fais mes remarques et ensuite je te parle du mien. Qu'en penses-tu ? enchaîna Leï.

— Parfait, faisons comme ça !

Anicha sortit son journal annoté. Il lui était précieux pour trouver le fil conducteur de son histoire.

— Eh bien, voilà. Je souhaite parler du conte du scarabée bleu. Je me suis aperçue que beaucoup de personnes le connaissaient. Et j'ai voulu savoir comment était apparue cette légende. Je n'ai rien trouvé dans les livres. C'est un conte qui se transmet uniquement par la parole. Certaines personnes m'ont avoué avoir rencontré cet insecte mystérieux. Alors, dans mon exposé, je voudrais lancer l'idée qu'il puisse exister. Voici le journal de bord de mes rencontres et de ce qu'on m'a appris. J'ai illustré chaque épisode. Regarde ce que ça donne.

Anicha dévoila le carnet à son amie, avec l'appréhension de l'artiste qui montre pour la première fois son œuvre.

— Je n'en crois pas mes yeux ! Comment as-tu trouvé ce bleu turquoise ? Il y a même un serpent. Et ce perroquet, il est fascinant ! Tu m'as mis l'eau à la bouche, Anicha ! Je veux connaître la suite !

— Merci, Leï.

— Et toi, crois-tu à cette histoire d'insecte qui parle ?

— Tu sais, j'ai quitté l'oasis à dos de mulet. Je suis arrivée dans cette ville sans connaître personne. Il ne m'est rien arrivé, ou plutôt que des belles rencontres. Je crois bien que quelque chose de puissant nous guide si on s'ouvre à l'inconnu.

— C'est vrai ce que tu dis. Je vais te raconter un secret. Je n'ai jamais osé en parler à personne. Après la mort de maman, je n'avais plus goût à rien. Toute la famille était si triste, mon père méconnaissable. Et puis, ma tante, la sœur de mon père, est venue quelques jours chez nous pour tenter de nous remonter le moral et prendre les choses en main. Toutes les deux, nous sommes allées sur la grande place centrale. Elle était persuadée que je trouverais amusant de regarder l'animation et l'agitation de cet endroit particulier. Une fois que nous sommes arrivées, elle m'a tenue fort par la main et s'est dirigée vers une étrange femme. Cette inconnue était effrayante, avec ses pieds nus, ses cheveux relâchés et sales, ses haillons de couleur violette. Je me souviens qu'une grande cicatrice lui barrait la joue.

— Et alors, elles se sont parlé ?

— Ma tante lui a demandé de me montrer quelque chose, visiblement caché dans un panier à ses pieds, à l'abri des regards indiscrets… L'espèce de sorcière a d'abord demandé à ma tante combien elle comptait lui donner en échange. Je ne me souviens plus de la somme, mais c'était un montant très élevé ! Elle a accepté puis a ouvert le panier en osier.

— Qu'est-ce qu'il y avait à l'intérieur ? demanda Anicha, curieuse et impatiente de connaître la suite.

— Ça grouillait de petites bêtes ! Des coccinelles, des papillons, des libellules, des chenilles et que sais-je encore !

— Et des scarabées ?

— Je ne saurais te dire, il y avait du monde là-dedans ! La femme m'a dit de choisir celui que je voulais, comme s'il s'agissait d'un trésor. Je l'ai regardée, interloquée. J'ai plongé ma main dans le panier, tout en grimaçant. Puis j'ai vite ressorti ma main sur laquelle était posé un papillon d'un jaune éclatant avec des ailes plus grandes que la normale. Ma tante m'a recommandé de lui parler. Je n'en ai pas eu le temps. Il l'a fait en premier !

— Qu'est-ce qu'il t'a dit ?

— « Je me présente, je suis Akam. Merci de me sauver de cet enfer ! »

— Je n'en crois pas mes oreilles. Si ça ne m'était pas arrivé aussi, j'aurais du mal à l'imaginer ! reprit Anicha.

— Ma tante était visiblement satisfaite de ma prise. Je l'ai ramené à la maison, et Akam est devenu mon compagnon pendant des mois, le temps que je retrouve le moral. Je l'ai caché pour ne pas que mes frères le découvrent. Seule ma tante avait le droit de le voir. Dès qu'on le pouvait, on partait tous les trois se promener. Avec lui, j'ai laissé de côté mon chagrin.

— Et tu n'as jamais revu la sorcière ? Tu n'en sais pas plus sur ces autres insectes ?

— Non, je ne voulais surtout pas revoir cette femme. Et les rares fois où j'ai posé des questions à ma tante sur ces animaux extraordinaires, elle m'a dit de ne pas chercher de réponses. Que l'important était d'avoir trouvé mon papillon.

Anicha était subjuguée par les confessions de Leï. Elle allait pouvoir creuser la question pour compléter son journal. Cette histoire d'insectes intelligents commençait à prendre une drôle de tournure.

Il semblait que le monde en soit bel et bien peuplé…

8

Révélations

Le hasard n'avait décidément pas sa place dans le secret qui unissait maintenant les deux amies. Après ces révélations, Anicha voulut rencontrer ce papillon dénommé Akam. Mais elle comprit qu'il était parti aussi vite qu'il était entré dans la vie de Leï, après lui avoir rendu la joie de vivre. Cette façon de disparaître aussitôt après une brève apparition était décidément une manie chez le petit peuple…

La femme de la grande place avait découvert ces animaux pas comme les autres et arrivait par maintes malices à les attraper pour les vendre à un prix très élevé aux âmes désespérées.

— Tu crois que nous pourrions retrouver cette femme ? interrogea Anicha. Le débit de ses paroles était rapide et trahissait son excitation.

— Je ne sais pas. Trois ans ont passé et je m'en méfie tellement, confia Leï.

— Je veux la retrouver pour libérer les insectes !

— Impossible ! C'est la jungle sur cette place, tu risquerais ta peau.

— On ne peut pas la laisser agir de la sorte si elle est toujours là-bas. Ces petites bêtes ont beaucoup à nous apprendre. Je vais réfléchir à un plan.

Anicha ne voulait pas pour autant oublier la première raison qui l'avait fait venir chez Leï.

— Maintenant, passons à ton sujet si tu es prête. Présente-moi ton projet d'architecture, j'ai hâte de le découvrir ! enchaîna-t-elle.

Leï s'exécuta, mais elle pensait plutôt à l'histoire qu'elle venait de partager avec sa nouvelle alliée. Akam s'était maintenant invité dans ses pensées. Elle se souvenait avec nostalgie du battement de ses grandes ailes si fines quand il rentrait dans un ballet majestueux tout en parlant comme un sage. Elle réalisait à quel point il lui manquait. Anicha la fit sortir de sa rêverie en la ramenant dans le présent. Elles devaient se remettre à travailler.

L'après-midi se passa dans l'une des cours jouxtant la chambre de Leï. Après trois heures passées sur leurs travaux respectifs, il était temps pour Anicha de rentrer. Elle voulait mettre le plan qui mûrissait dans sa tête rapidement à exécution. Elle salua son amie et fila au jardin botanique, situé à l'opposé de la ville.

Colet' était juchée sur un bananier à l'abri des regards indiscrets. Par chance, en fin de journée, le jardin était peu fréquenté. Un semblant de silence régnait dans l'espace verdoyant. Seul le chant des oiseaux venait le contrarier.

— Colet', j'ai appris qu'une femme faisait le commerce des insectes du petit peuple ! Tu te rends compte, c'est horrible ! Je dois la retrouver et ouvrir son panier pour laisser s'envoler les insectes retenus prisonniers ! déclara Anicha un peu abruptement.

— Oui, répondit l'oiseau d'un gris cendré, sans ciller du regard. Il y a longtemps, j'ai entendu parler de cette femme, mais je ne savais pas qu'elle était encore ici dans la Cité. Je ne sais pas comment elle a percé le secret du petit peuple. Mais d'une façon ou d'une autre, elle a compris qu'il était précieux.

— Il y a quelque chose qui m'échappe d'ailleurs. On parle la plupart du temps des insectes. Mais toi aussi tu fais partie de ce peuple et tu n'es pas un insecte ?

Colet' sourit.

— Tu as raison, j'en fais bien sûr partie. Mais ce que tu ne sais pas, c'est que les insectes sont en quelque sorte supérieurs à nous, les autres animaux. Ils ont atteint un niveau de perception encore plus élevé que le nôtre. Plus ils sont petits dans le monde animal, plus ils sont grands par leur pouvoir.

— Vraiment ? Pourtant tes messages sont aussi puissants que ceux que pourrait délivrer un insecte, non ?

— Oui… Et non ! Le scarabée bleu m'a formée après m'avoir longtemps observée. Mais en tant que perroquet, je n'ai pas accès à autant de choses qu'un papillon, ou une libellule par exemple. Les insectes se glissent partout, voient et entendent tout. Ils sont sacrés. Le fait d'être petit n'enlève rien à la grandeur d'esprit, bien au contraire. C'est un monde qui bouscule les évidences. Même une fourmi en sait plus que moi ! Te voilà en possession d'un autre secret maintenant.

Anicha devait encore une fois digérer cette nouvelle information. Finalement, le serpent Naj, le fennec et Colet' avaient manifestement un esprit hors du commun. Et pourtant, des êtres encore plus petits communiquaient de manière encore plus subtile. Qu'il était loin le temps où elle ne voyait la vie que par la fenêtre de sa petite maison de chaux dans son oasis. Et dire que le scarabée bleu, pour une raison qui lui échappait encore, lui avait ouvert la porte d'un monde plus vaste, plus mystérieux et tellement plus intéressant. Elle en avait la tête qui tournait en réalisant qu'elle aurait pu passer à côté de tous ces mystères de la vie. Depuis le jour où elle avait levé le nez de ses livres, bizarrement tout s'était enchaîné à une vitesse folle.

— Bon, reprenons, l'heure est grave ! Nous devons retrouver cette sorcière sans plus tarder, déclara Anicha.

— Je vais me renseigner sur cette femme de la grande place. Tâche de me dire où elle se trouve exactement et à quoi elle ressemble. Écoute bien encore, j'espérais justement que tu viendrais me voir rapidement. J'ai autre chose à te dire. Là encore, accroche-toi, ce n'est pas réjouissant. Tu dois te protéger. Un terrible mal va s'abattre sur la Cité.

— De quoi veux-tu parler ?

— Une maladie dévastatrice arrive. Elle n'est pas encore visible, elle est sournoise. Elle a déjà tué sur son passage.

— Comment ça ? Arrête, Colet', tu me fais peur. Que suis-je censée faire ?

— Pour l'instant, rien de spécial. Mais le jour viendra où je te demanderai de quitter Marrakech.

— Tu rigoles, j'espère ? En aucun cas je ne quitterai cette ville, tu m'entends. Je suis protégée, le scarabée bleu me l'a dit.

— Certes, tu es protégée, mais si tu vas à contre-courant de la vie, la protection n'agit plus.

— Eh bien, pour l'heure, j'ai beaucoup à faire. Je dois arrêter cette femme balafrée qui emprisonne nos amis. Quant à ce que tu dis au sujet de cette maladie, nous en reparlerons !

Anicha avait à peine écouté la dernière annonce angoissante de Colet'. Elle était focalisée sur la prochaine mission qu'elle avait décidé de mener à bien : délivrer les insectes. L'adolescente peureuse avait laissé place à une jeune fille pleine d'assurance.

Elle rentra chez elle, en réfléchissant au journal qu'elle allait écrire le soir, complété de ses dessins. Mais elle eut comme un mauvais pressentiment, qu'elle chassa pourtant aussitôt de ses pensées. Elle préféra, après le dîner et une brève discussion avec sa logeuse, s'enfermer dans sa chambre pour travailler avant de se coucher tôt. Elle voulait être en forme pour les jours à venir et être en possession de tous ses moyens.

Le lendemain, la semaine débutait par un cours de théâtre avec le professeur Kâ, un homme imposant, à la voix grave. Il aimait plus que tout révéler le meilleur en chacun, en plaçant ses élèves sous les projecteurs de la scène. Doté d'une personnalité forte et généreuse, il faisait éclore les acteurs en herbe au travers de grands textes de la littérature. Anicha n'avait pas été très à l'aise au premier cours. Mais monsieur Kâ avait saisi toute sa délicatesse. Elle enchaîna ensuite avec un atelier d'écriture qui durait tout l'après-midi. Il était aujourd'hui consacré entièrement à la rédaction du travail personnel que les élèves devaient présenter dans quelques semaines à madame Zorba. En apparence sèche et désagréable, cette grande femme se détendit en découvrant avec un plaisir contenu le projet d'Anicha. Elle ne s'attendait pas à voir aborder un sujet aussi inattendu. À la vue des premiers dessins de son élève, elle resta sans voix devant les couleurs, la justesse des traits et des expressions de chaque insecte représenté. La jeune fille, peu à peu consciente de l'effet que déclenchait son œuvre, n'en laissa rien paraître. Elle restait concentrée sur la vision qu'elle en avait pour la rendre réelle.

Le vendredi, après les cours, Anicha décida d'aller voir son amie Dasine. Rentrée chez elle, accompagnée de son mari, après une semaine passée à l'hôpital, elle avait fait parvenir un petit mot à Anicha par l'une de ses voisines. Elle lui demandait de venir. La simple idée de passer un moment ensemble réjouissait l'adolescente. Elle allait par la même occasion lui apporter le remède préparé avec madame Malik. Il était maintenant prêt à l'emploi.

Elle fila en direction du quartier ouest. Le ciel se couvrait et un orage s'annonçait alors que les nuages devenaient de plus en plus gris. Anicha frissonna de froid, elle n'avait pas prévu un temps si maussade.

Au croisement de deux ruelles crayeuses, elle eut la désagréable sensation d'être suivie. L'air était irrespirable à cause de la poussière. Instinctivement, elle se retourna, mais ne remarqua rien de particulier, si ce n'est les regards pressés de certains habitants du quartier, impeccables sur eux en toutes circonstances. Elle accéléra le pas et sentit que quelqu'un derrière elle faisait de même. D'un coup, elle s'arrêta net et prit la posture d'une fille sûre d'elle alors qu'elle tremblait intérieurement. En tournant la tête, elle aperçut à cinq mètres d'elle le guide qui l'avait accompagnée de son oasis jusqu'à la Cité à travers le désert. Terriblement beau avec ses yeux de couleur marron noisette, sa peau tannée, ses cheveux à la fois roux et mordorés, il s'était figé, décontenancé d'avoir été repéré.

— Que fais-tu là ? lui demanda Anicha.

Elle réalisa qu'elle ne connaissait même pas son prénom. Elle ne s'attendait pas à avoir de réponse, si ce n'était directement par les yeux du jeune homme. Elle lut son désarroi et tenta de le mettre à l'aise :

— Je ne sais pas ce qui t'amène à me suivre. Mais je comprends que c'est pour mon bien, c'est ça ?

Il acquiesça, elle continua.

— Penses-tu que je suis en danger ?

Il fit oui de la tête.

— Peux-tu me faire comprendre pourquoi ?

C'est alors qu'il se mit à se gratter comme si quelque chose le démangeait. Il s'attrapa les cheveux comme s'il devenait fou, et ce spectacle suffit pour qu'Anicha comprenne qu'il faisait référence à un terrible danger.

— Donc une maladie arrive en ville et tu veux m'en protéger ? Mes parents t'ont chargé de veiller sur moi après le voyage, n'est-ce pas ? Et tu me suis depuis le premier jour ?

Il répondit par un silence. Anicha n'avait pas besoin d'en savoir plus. Un sentiment agréable la submergea. Le jeune homme veillait sur elle, c'était rassurant.

— Je vais faire attention à moi, je te le promets. En plus, tu n'es pas le premier à m'annoncer cette terrible maladie. J'ai maintenant rendez-vous avec la femme à qui tu m'as confiée à notre arrivée. On peut se revoir et tu me donneras les nouvelles que tu as recueillies en ville si tu veux. Ne te cache plus pour me suivre à l'avenir!

Le guide sourit.

— Au fait, j'aimerais pouvoir t'appeler par ton prénom.

Pour la première fois depuis qu'ils se connaissaient, il sortit une ardoise de sa poche et, à l'aide d'une craie, écrivit: « Simon ». Puis il partit aussitôt, les cheveux au vent.

Après cet intermède, Anicha retrouva Dasine. Elles s'enlacèrent longuement sans dire un mot. Léon était là lui aussi. Ils la reçurent dans un petit salon ravissant, autour d'une table basse sur laquelle étaient disposés de la graine de couscous très fine, des légumes, des raisins secs mélangés à des oignons et toutes sortes de viandes mijotées. Les épices embaumaient la pièce. Dasine n'avait visiblement pas retrouvé l'usage de ses jambes. Léon s'éclipsa pour les laisser seules quelques instants, le temps d'apporter les boissons.

— Dasine, tu es resplendissante! s'enthousiasma Anicha.

Effectivement, elle avait un teint rose et lumineux.

— Toi aussi, Anicha, l'école te réussit. Es-tu heureuse avec madame Malik?

— Je ne pouvais pas tomber mieux, elle m'apprend un peu son métier. Tiens d'ailleurs! Un soir, nous avons composé toutes les deux un remède pour toi. Il pourra peut-être t'aider à remarcher? Prends ce flacon, elle a écrit dessus les instructions.

— Merci, Anicha, je vais suivre sa prescription à la lettre.

— Que disent les médecins?

— Mes jambes ne sont toujours pas prêtes à fonctionner. Ma colonne vertébrale est endommagée. Je vais te faire une confidence. L'accident que j'ai eu dans l'escalier est peut-être la plus belle chose qui me soit arrivée. Ne me regarde pas comme si j'étais folle. Je t'assure, je ne me suis jamais sentie aussi bien de ma vie.

— Je n'en crois pas mes oreilles. Comment peux-tu dire une chose pareille ?

— Cet accident, en m'enlevant l'usage de mes jambes, m'a d'une certaine façon remise droite. La vie offre parfois des issues bien surprenantes. Nous avons remis à plat tellement de sujets avec Léon, nous nous comprenons enfin, dit-elle en riant. J'ai tant à accomplir pour rattraper le temps perdu ! Quand il partira en voyage, je ne tournerai plus en rond, crois-moi. J'ai le projet d'ouvrir un centre pour les femmes qui rencontrent des difficultés dans leur vie. Je ne sais pas encore vraiment ce que je vais pouvoir leur proposer, mais l'idée germe. J'ai tellement envie de me rendre enfin utile. Peu importe si je ne remarche pas, ma vie a un sens maintenant, tu comprends ? Léon me soutient comme jamais auparavant. Je suis si heureuse, Anicha, si heureuse.

Ce dernier arriva les bras chargés, Anicha l'aida à déposer le tout sur la table. Elle les observa et fut parcourue de frissons. Elle s'abreuvait de l'amour qu'elle voyait renaître en face d'elle.

Soudain, en les regardant, elle repensa à ce qui s'opposait à ce tableau idyllique : l'arrivée de l'épidémie.

Elle prit la mesure du bien et du mal, de l'ombre et de la lumière. Elle commençait à deviner la signification du message énigmatique du scarabée bleu. Il n'était pas venu par hasard la chercher dans une oasis reculée. Elle n'était pas, à l'instant même, au milieu de ce couple par hasard non plus. Elle savait maintenant que tout ce qui se passait dans sa vie émanait d'une façon ou d'une autre du coléoptère. Pourquoi était-elle maintenant embarquée dans une ville menacée par une épidémie dévastatrice ? Elle le saurait tôt ou tard.

9

Le mal aux deux visages

La nuit était tombée sans qu'ils s'en aperçoivent. La soirée avait été ponctuée de rires et de légèreté autour du récit de Léon, qui avait raconté ses dernières expéditions en n'omettant aucun détail pour faire frissonner ses auditrices, avides d'aventures. À la lueur de la bougie, dans l'espace feutré aménagé avec quelques coussins rouges placés ici ou là, un tapis tissé dans les mêmes tons, des canapés et fauteuils confortables et douillets, le salon invitait aux confidences, aux rires et à la convivialité. Cette pièce était le symbole de la nouvelle façon de vivre de Dasine.

Vers onze heures, il était temps pour Anicha de rentrer chez elle. Léon la raccompagna à travers le dédale des ruelles sombres. Il fallait traverser la partie ouest, contourner la grande place, mal fréquentée la nuit, pour arriver au sud. En chemin, Léon ralentit le pas et dit à voix basse :

— Anicha, j'ai une confidence à te faire…

La fillette parut embarrassée. Qu'allait-il lui révéler ? Elle n'était pas très à l'aise à l'idée de recevoir les paroles du mari de Dasine. Certes, elle l'appréciait, mais pas jusqu'à recueillir ses états d'âme. Elle l'avait fait une fois à l'hôpital. Elle jugeait que son rôle devait en rester là désormais. Il ne s'aperçut pas de la réserve d'Anicha.

— Je suis gravement malade. Dasine ne le sait pas.

L'annonce tomba comme un couperet. Anicha suffoqua.

— Qu'est-ce que tu dis ? Tu sembles en pleine forme ? Que t'arrive-t-il ?

— Depuis quelques jours, je crache du sang et parfois je ne sens plus mes jambes. J'ai un mauvais pressentiment. J'ai entendu parler d'une épidémie qui frappe les habitants de la ville. À ce qu'on raconte, on la reconnaît aux symptômes qui ressemblent… aux miens.

Il prononça cette dernière phrase d'une voix blanche. L'effroi creusait son visage.

— Vite ! Il faut agir. Viens avec moi chez madame Malik. Nous allons nous en remettre à elle, dit Anicha d'un air qui ne laissait nulle place à l'hésitation.

— Crois-tu que l'on puisse lui en parler sans l'effrayer ? J'ai des scrupules, tu sais. J'ai déjà tant hésité avant de t'en parler. Mais je sens que tu as accès à des choses subtiles, même à ton âge. Pardonne-moi de te faire porter ce poids sur les épaules, tu es encore si jeune… Et puis je suis peut-être contagieux. Comment le savoir ? Que faire ? Je suis perdu, Anicha. Et… j'ai peur.

— Viens, allons chez moi, enchaîna la jeune fille sans hésiter.

Ils finirent leur parcours en accélérant le pas sans prononcer un mot de plus. La ville dormait, plongée dans le noir total. Seule la lune avait été témoin de leur dialogue.

Tout était éteint dans la boutique et dans les chambres au-dessus. Madame Malik s'était sûrement endormie. Anicha frappa à la porte et entendit rapidement des pas résonner dans la maison. Sa logeuse ouvrit, les yeux gonflés de sommeil, dévisagea l'homme qui l'accompagnait et comprit à leur mine défaite que l'heure était grave. Ils s'installèrent dans l'arrière-boutique, devant le petit jardin. Deux lampes torches suspendues au-dessus de leurs têtes les éclairaient dans la pénombre. Léon détailla tous ses symptômes, en même temps que madame Malik notait sur un cahier ce qui lui venait en tête pour créer un remède approprié.

Maux de tête violents surtout en fin de journée, côté droit paralysé un jour sur deux, mains violettes le matin et grosses taches marron sur le ventre, tel était le tableau peu engageant dès l'apparition de la maladie. Pendant une heure, l'herboriste ne dit mot et travailla à confectionner la potion, qui naissait sous les yeux d'Anicha et de Léon, silencieux dans leur angoisse. À minuit, elle annonça le verdict : il ne fallait pas tarder plus longtemps. Léon devait avaler la mixture dès maintenant et en prendre trois fois par jour pendant une semaine. Quant à Anicha, elle devait en avaler à plus faible dose en prévention.

Madame Malik avait sous les yeux la confirmation qu'un mal indescriptible s'insinuait dans la ville. Elle avoua à ses invités que peu de jours auparavant, alors qu'elle revenait du marché où elle s'était approvisionnée en produits frais, elle avait aperçu dans un couloir sombre une femme défigurée par la maladie. Encore un peu plus loin, un homme allongé par terre avait les mains rongées par des bactéries sournoises. Elle n'avait su que faire, la misère s'était de tout temps affichée sans pudeur dans la Cité, et madame Malik ne pouvait soigner tous les maux. Mais cette fois, elle portait un regard inquiet sur ces nouveaux signes qui touchaient au hasard petits et grands.

Incertaine de son breuvage, elle avait forcé les doses. Elle ne pouvait maintenant qu'implorer la clémence du ciel pour cet homme qui s'en remettait à elle en toute confiance.

Léon la remercia avec la flamme de l'espoir dans les yeux. Puis, dans un élan, il voulut prendre Anicha dans ses bras, mais se retint de peur de la contaminer. Il s'aperçut alors qu'il éprouvait pour elle l'équivalent d'un amour paternel, du moins c'est ce qu'il imaginait, lui qui n'avait jamais voulu avoir d'enfant. Il rentra seul chez lui, le cœur un peu plus léger. Il se glissa dans le lit où Dasine était assoupie. En la regardant dormir paisiblement, il pensa : « Pourvu que notre nouvelle complicité ne soit pas abrégée par une nouvelle épreuve… » Il regarda le plafond dans la pénombre et s'endormit, se voulant confiant.

De son côté, Anicha, revenue dans sa chambre après le départ de Léon, tournait en rond. Le mal qui rongeait Marrakech la laissait sans voix. Dans ce contexte, elle ne pourrait pas barrer le chemin à la femme balafrée. Elle estimait ne plus être de taille. Pendant qu'elle se lamentait, assise sur son lit les bras ballants, elle leva la tête et son regard tomba sur sa pivoine, disposée dans un vase transparent sur sa commode, en face du lit. Elle huma son parfum en fermant les yeux. Elle se mit à implorer le scarabée bleu pour qu'il lui vienne en aide. Et soudain, elle eut comme une étrange sensation. Un nectar doré se mit à couler en elle, le liquide s'infiltrait dans toutes les cellules de son corps. Une chaleur l'envahit au niveau de son ventre et se propagea de la tête aux pieds. Était-ce la potion de madame Malik qui commençait à produire son effet ? Elle n'aurait su le dire. Elle prit le temps de se changer pour aller se reposer et s'aperçut que ses doutes avaient disparu. Décidément, quel étrange pouvoir avait sa fleur ! Elle remua son corps pour mieux se recentrer, fit quelques mouvements de la tête et s'étira. Il était temps d'aller se coucher. Après la nuit, elle serait de nouveau prête à passer tête haute l'épreuve de la souffrance.

Au petit matin, elle se réveilla naturellement, fraîche et dispose. Elle savait exactement ce qu'elle avait à faire avant de retourner à l'école. Comme il était sept heures et qu'elle avait une bonne heure devant elle, elle décida de faire un détour par le jardin botanique avant d'aller sur la grande place. Colet' se trouvait exactement au même endroit que la dernière fois, sur le bananier planté en retrait d'un chemin et entouré de plantes exotiques. Anicha se montra encore plus pressante que lors de sa visite précédente. Elle avait, encore une fois, gagné en force et en détermination. Il fallait sans plus attendre libérer le petit peuple du panier de la harpie. C'était, elle en était convaincue, le moment propice. Elle ne laissa pas le choix à Colet'.

— Je pense que c'est le moment, Colet'. Le matin très tôt, il y a foule sur la place, nous pourrons nous glisser sans être vues. Personne ne se souciera de moi. J'ai un plan. Je ferai la mendiante. Et tu me mèneras à elle. Quand je serai prête, je ferai celle qui est renversée par quelqu'un et je tomberai sur le panier qui renferme les insectes. Surtout, tu devras être réactive et prendre avec ton bec le couvercle du panier, puis voler autour de la femme pour l'énerver. Les petites bêtes pourront ainsi s'échapper. Tout le monde hurlera, ce sera l'affolement et nous pourrons nous éclipser au même moment.

— Cet endroit est très dangereux pour une jeune fille seule…

— Je ne serai pas seule, tu seras avec moi !

— Quelle tête de chameau ! C'est imprudent, mais je suis d'accord, on va suivre ton plan.

— Merci, Colet', allons-y dès maintenant ! La Cité a besoin du petit peuple pour passer l'épreuve de la souffrance qui arrive sur elle. Je ne vois pas vraiment comment ils peuvent agir, mais toi qui fais partie de ce peuple, tu sais que j'ai raison, n'est-ce pas ?

— Oui, jeune fille, allez, allez, tu m'as convaincue. Partons !

L'ombre sournoise, bien trop présente ces derniers temps, ne gagnerait pas.

Anicha avait vu juste. Le matin était le moment propice aux échanges en tous genres sur la place centrale. Tous les quartiers s'y donnaient rendez-vous pour faire des affaires. Riches, pauvres, voyageurs et mendiants mettaient leurs espoirs en cet endroit où tout semblait possible, même l'improbable, et chacun venait tenter sa chance avec le peu qu'il avait.

Dès sept heures du matin, une tension palpable régnait. Le bruit était assourdissant. Anicha, accompagnée de Colet', juchée sur son épaule gauche, avançait au milieu de la foule. Elles dissimulaient toutes deux leur appréhension. La veille à l'école, Anicha avait trouvé, dans un grand coffre rempli de costumes de spectacle, des vêtements qui lui donnaient l'allure d'une mendiante. Elle fit appel aux techniques apprises à son cours de théâtre, bien utiles pour avancer d'un pas assuré tout en étant voûtée, la main tendue avec un air de fille blasée et affamée. Elle s'était mis de la poussière sur le visage et dans les cheveux. Son perroquet ne payait pas de mine lui non plus avec ses plumes ébouriffées.

Mais leur déguisement n'avait rien d'original dans ce paysage. Personne ne leur prêtait attention. Lorsqu'elles arrivèrent presque au milieu de la place, Colet' murmura :

— C'est elle, regarde, elle a un immense panier à ses pieds.

— Oui, elle correspond à la description de Leï. Grande, les cheveux détachés, le visage fatigué avec une grande cicatrice sur la joue. Bon, on y va et on applique le plan à la lettre.

— C'est parti !

Des groupes étaient réunis autour de stands. Dans l'un, on vendait des épices, dans un autre, des sauterelles, en criant qu'elles étaient délicieuses en tajine. Plus loin, un homme édenté lisait les lignes de la main et avait son petit succès. Et sur la droite, la femme recherchée avait la tête qui dépassait légèrement du groupe. Contrairement aux autres, elle ne criait pas et voulait de toute évidence ne pas être trop visible.

Anicha et Colet' s'avancèrent vers elle comme prévu en se frayant un chemin dans la foule. Arrivée non loin d'elle, Anicha releva la tête et un frisson parcourut tout son corps. Un grand panier se trouvait à un mètre d'elle, fermé. La femme avait le regard noir, féroce et haineux. Elle avait le haut du corps tout fin et disproportionné par rapport au bas, tassé sous sa jupe longue et violette. La jeune fille prit une grande inspiration pour surmonter son appréhension, fit semblant de trébucher en se prenant les pieds dans quelque chose et tomba à côté du panier. Au même moment, Colet' tira sur le couvercle avec son bec. Elle réussit d'un battement d'ailes à le jeter un peu plus loin. Puis l'oiseau vola autour de la vaurienne, qui criait à gorge déployée. Surpris, les gens avaient cessé toute activité. Ils étaient accaparés par la scène. Anicha hurlait en feignant d'avoir des sanglots dans la voix : « Je suis désolée, je me suis pris les pieds dans je ne sais quoi. Oh, excusez-moi, madame ! » Tout le monde regardait, stupéfait, le nuage d'insectes en train de s'échapper à une vitesse fulgurante. On n'entendait plus que le frottement de leurs ailes, à peine voilé par les cris stridents de la femme.

Il fallait désormais faire vite. Anicha appela Colet' et elles se glissèrent à travers la cohue, se faufilant entre les jambes des badauds rassemblés autour de la sorcière décontenancée. Au-dessus de la foule, les insectes volants se dispersèrent rapidement. La harpie pouvait dire adieu à son petit commerce.

En un éclair, le duo put atteindre le début d'une petite rue pavée qui s'enfonçait dans le quartier sud. L'espace était si étroit entre chaque mur que les rayons du soleil matinal arrivaient à peine à y pénétrer.

Là, Anicha put enfin reprendre son souffle, loin de l'agitation. Elle enleva prestement son déguisement, fourra le tout dans un sac trouvé par terre, tenta de se recoiffer avec ses doigts, et embrassa tendrement Colet' sur son beau plumage gris.

— Je n'en reviens pas, Colet', tout est allé si vite. J'ai l'impression d'avoir rêvé.

— Je peux t'assurer que pourtant, en ce moment même, une femme devient folle à l'idée d'avoir perdu des insectes rares ! dit avec fierté le perroquet, tout bas pour ne pas être entendu.

— Bravo, on a réussi ! Ils vont pouvoir rejoindre de nouveau le petit peuple et continuer leur mission. Merci, Colet', pour ton aide.

— Anicha, je suis impressionnée par toi, tu sais. C'est un honneur de t'avoir accompagnée. Allez, file à tes cours à présent.

— À bientôt, Colet' !

Anicha était déjà loin. Elle n'avait pas encore vraiment réalisé la portée de son acte. Dès qu'elle le pourrait, elle se consacrerait de nouveau à son œuvre et inscrirait ce nouvel épisode dans son journal.

Entre-temps, la place avait repris son activité et chaque marchand avait retrouvé son étal. Mais à l'endroit où la femme avait détenu les petites bêtes, tout semblait abandonné. Le grand panier restait là, le couvercle retourné. Quant à la sorcière à la jupe violette, elle avait disparu.

10

La fête

La fête de l'école approchait à grands pas. Dans moins de quinze jours, les élèves allaient accueillir leurs familles et leurs amis. Comme Anicha, ses camarades d'école avaient hâte d'exposer leur travail à leurs proches et aux autres convives. La jeune élève avait rempli des pages et des pages de textes et de dessins pour révéler le secret du scarabée bleu et de son petit peuple.

Elle avait particulièrement insisté sur l'épisode de la grande place. Depuis, elle avait revu Colet', juste pour savoir si elle allait bien. Elles avaient ri ensemble de leur aventure. Colet' avait avoué à Anicha que, peu après l'épisode matinal, elle avait volé jusqu'à la place pour être sûre que la sorcière n'y était plus. Aucune trace d'elle nulle part. L'endroit où elle faisait son commerce avait aussitôt été pris d'assaut par un vendeur de mulets.

Quant aux insectes, même Colet' ne savait pas où ils avaient bien pu se réfugier.

Maintenant, tout l'enjeu pour Anicha était de bien maîtriser sa prise de parole au moment des festivités. Personne dans l'école ne pourrait se douter qu'elle n'inventait rien. Son défi était d'arriver à faire que certains spectateurs, plus ouverts que les autres, puissent lire entre les lignes. Ceux-là pourraient alors partir à leur tour à la recherche d'insectes intelligents. Et peut-être découvriraient-ils, comme Anicha et Leï, d'autres dimensions de la vie jusque-là insoupçonnées.

De son côté, Leï avait élaboré, ces dernières semaines, des plans d'architecture d'une maison en bois de cèdre toute ronde. Du jamais vu dans la Cité. Elle voulait expérimenter une nouvelle façon d'envisager la construction : des habitations dénuées d'angles. Pourquoi construire toujours des maisons carrées ou rectangulaires ? Elle ne craignait pas d'ébranler les idées reçues. En cela, elle ressemblait à sa tante. D'autres élèves, plus âgés, avaient tenté d'inventer une sorte de vaccin expérimental pour vivre plus longtemps. Leurs professeurs souriaient de les voir à l'œuvre. Sans les brimer dans leur élan, ils les laissaient s'investir dans leur projet avec passion. Tous ces jeunes incarnaient l'avenir, chacun à leur manière, et le professeur Moustache tenait sa promesse : l'école leur déroulait le tapis rouge pour qu'ils donnent le meilleur d'eux-mêmes en s'affranchissant de toute limite.

Les jours qui suivirent furent consacrés aux préparatifs de la fête. Un soir, Anicha était au calme dans sa chambre, absorbée par son travail, quand madame Malik l'appela.

— Anicha, il y a quelqu'un en bas qui souhaite te voir !

La jeune fille, sans se poser plus de questions, pensa qu'il s'agissait du guide. Elle dévala les escaliers. Mais dans la boutique, ce n'était pas Simon mais Léon qui affichait un sourire de conquérant.

— Madame Malik, Anicha, je suis venu vous dire que tous mes symptômes ont disparu ! leur annonça-t-il. Merci du fond du cœur, vous m'avez sauvé la vie toutes les deux !

Il les prit chacune dans ses grands bras fermes et musclés. La vigueur résonnait dans tout son corps, redevenu sain.

— Retrouvons-nous demain pour la fête de ton école, Anicha ! Nous serons tous à tes côtés pour t'applaudir ! Je file, je ne veux plus passer un seul instant sans ma femme. Elle m'attend pour aller se promener, dit-il en partant et en riant de se découvrir si attentionné envers Dasine.

Les deux spectatrices jubilaient devant sa forme, sa joie et sa santé recouvrée. Quel bonheur pour elles deux de constater que le remède avait été plus puissant que la maladie.

Cela faisait trois mois jour pour jour qu'Anicha avait entamé sa nouvelle vie loin de l'oasis. Dans l'école, tout était prêt et décoré, les bancs installés pour accueillir les invités. Les familles, très investies, préparaient les mets les plus savoureux sur des grandes tables installées pour l'occasion dans une des plus grandes salles de l'école. Les élèves s'étaient faits beaux. Les aînés, ceux qui étaient dans les classes supérieures, leur avaient dessiné, au henné, un symbole distinctif au milieu du front : le V de la victoire. Signe d'appartenance à cet établissement renommé, il marquerait leur peau d'une couleur orangée pendant plusieurs semaines. Ils avaient tous rêvé de ce moment tant attendu, fiers que soit tracé le matin même ce V sur leur visage juvénile. Anicha, parfumée à la fleur d'oranger, avait enluminé ses sourcils de safran. C'était un rituel de son oasis pour fêter chaque événement. Leï, entraînée par son amie, avait fait de même.

Les festivités commencèrent vers onze heures avec le discours du directeur, puis ceux des professeurs. Le repas organisé par les parents avait des allures de banquet. L'assemblée avait décidé délibérément que cette journée serait empreinte de légèreté, même si, au fond, un climat de frayeur commençait à se propager avec l'arrivée de l'épidémie. L'heure n'était cependant pas encore à la panique et le directeur avait tranché : la peur ne prendrait pas le dessus.

En trois mois, Anicha s'était créé une véritable troupe d'amis. Mais ses parents lui manquaient plus que tout dans ce moment inhabituel. Une énergie faite d'impatience et de gratitude prenait possession de tout son corps, alors que son cœur était rempli du regret de ne pas avoir Mina et Tahar à ses côtés. Mais sa mélancolie fut aussitôt chassée de ses pensées quand elle aperçut Simon, son guide. Dasine était bien sûr présente elle aussi, aux côtés de son mari. Elle ne pouvait toujours pas compter sur des jambes solides et vaillantes. Léon lui avait fabriqué un fauteuil spécial pour lui permettre d'aller et venir à sa guise, grâce aux bras solides de deux porteurs qui l'accompagnaient quand elle était en déplacement. Malgré son état, elle était splendide et n'évoquait jamais son handicap. Il lui semblait tout à fait inutile d'en reparler. Si bien que madame Malik n'éprouvait aucun malaise à être en sa compagnie, après lui avoir avoué qu'elle était désolée que le remède n'ait pas marché. Aussi brillante herboriste qu'elle fût, elle n'avait pas de baguette magique.

À quatorze heures, le premier des exposés portait sur la démonstration des plans de Leï. L'exercice consistait à synthétiser son projet en six minutes maximum. Ce temps limité permettait de garder l'attention du public, de choisir des mots précis pour aller à l'essentiel. La jeune élève s'était mise à implorer l'aide de sa mère avant de commencer. Elle fut entendue, son exposé fut applaudi plus qu'elle n'en avait rêvé.

Enfin, arriva le tour d'Anicha. Elle avait une longue tunique couleur miel. Personne ne voyait ses jambes qui frissonnaient d'appréhension. Un foulard retenait ses cheveux bruns pour mieux montrer son visage maquillé. Elle portait à l'un de ses poignets les deux bracelets de sa mère. Sa professeure de peinture l'avait convaincue de peindre une grande toile illustrant son exposé. Elle déglutit avant de se lancer dans une petite mise en scène bien préparée.

— Bonjour à tous, je voudrais commencer par vous présenter Colet', mon amie perroquet. Elle va m'aider à vous faire comprendre l'histoire que je vais vous raconter.

Colet' avait effectivement accepté, à la demande d'Anicha, de clamer des phrases préparées, sans dire un mot de plus. Sa présence devait simplement illustrer les propos de la jeune artiste.

— Et voici… le scarabée bleu, ou du moins une représentation de ce que l'on a pu me raconter à son sujet.

En même temps qu'elle prononça ces paroles, elle dévoila une grande toile en retirant d'un coup sec le tissu qui la recouvrait. Le silence envahit la cour, où se tenaient les exposés, pendant quelques secondes. Anicha poursuivit jusqu'au bout sa description. Tout en faisant part des témoignages qu'elle avait recueillis tout au long de son enquête, elle posait des questions en impliquant le public, en l'interpellant, et en lui demandant ce qu'il pensait de la légende. Au début, son style interactif étonna les spectateurs. Mais, très vite, certains parents prirent la parole et s'amusèrent de la tournure que prenait l'exposé. À la fin des six minutes, quand elle s'arrêta de parler, elle comprit alors la portée de ses mots. L'assemblée se leva et l'applaudit de tout cœur. Elle put même entendre des « bravos » provenant du premier rang. Léon et Dasine l'acclamaient, Simon semblait troublé, madame Malik pleurait d'émotion. Anicha avait réussi la première étape de sa scolarité.

À son insu, des centaines d'insectes s'étaient placés aux premières loges. Ils étaient dispersés subtilement à des endroits stratégiques de l'école, sur les murs, sur une poutre apparente à droite de la cour ou encore à même la terre pour ne pas être aperçus. Libérés quelques jours plus tôt de leur prison, ils n'avaient donné aucun signe de vie depuis. Le scarabée bleu trônait parmi eux. Il avait trouvé une place idéale : une des mères d'élèves avait apporté un bouquet de roses qu'elle avait disposé sur l'une des tables situées autour des spectateurs. Et Anicha, qui n'avait pas une seconde envisagé ce moment sans sa fleur, avait déposé sa pivoine au milieu des roses. De la scène, elle pouvait la voir et ressentir sa force. Le scarabée bleu s'était naturellement posé sur la pivoine, en retrait. De là, il se délectait du spectacle. Il savourait de voir sa protégée faire, de façon détournée, la lumière sur l'existence de son peuple.

Pendant le discours d'Anicha, Akam, le papillon, avait de son côté discrètement pris place sur l'épaule de Leï. Surprise, elle sursauta d'abord par réflexe. Quand elle réalisa qu'il s'agissait d'Akam, son compagnon disparu, une larme de safran se mit à couler sur sa joue rosée.

Colet', elle, rejoignit Dasine qui lui fit un clin d'œil. Cette dernière était désormais elle aussi liée à l'oiseau. Le moment où elle s'était enfuie du jardin en pleurs, blessée par le poème qui lui révélait une vérité trop difficile à entendre, appartenait désormais au passé. Toute forme d'agressivité s'était évanouie pour toujours en elle.

En cette journée pas comme les autres, le temps était comme suspendu. Anicha rayonnait et tout son petit monde irradiait de bonheur autour d'elle. Une partie du petit peuple partageait cette joie qui émanait de la fête. Mais les insectes n'étaient pas venus uniquement pour cette raison. Ils étaient de passage pour une grande mission. Car derrière les festivités, la terreur grondait. Elle avait commencé à s'infiltrer dans les rues sombres de la Cité, avait frappé çà et là. Des symptômes douloureux apparaissaient, des plaies béantes s'ouvraient et ne voulaient pas cicatriser. Les médecins se sentaient démunis. Le petit peuple avait son rôle à jouer. Il se préparait.

11

Retour aux sources

Les heures passées ce 16 décembre dans l'enceinte de l'école restaient gravées dans la tête de chaque participant. Le professeur Moustache avait même conclu : « Cette journée est l'une des meilleures que j'aie vécue en trente ans de carrière. » Les élèves avaient été félicités par leurs enseignants, visiblement fiers de la classe de cette année. Après le succès de son exposé, Anicha était restée longtemps accaparée par certaines personnes du public qui souhaitaient regarder de plus près son tableau et son journal. Elle n'en avait pas pour autant dévoilé davantage sur la véritable existence du scarabée bleu.

Les insectes s'étaient éclipsés sans se montrer, pas même à Anicha.

Les jours suivants, la rumeur concernant l'épidémie s'amplifia. L'atmosphère devint plus pesante. À tel point que l'école ferma.

Anicha ne pouvait supporter plus longtemps tant de pression. Désormais, elle tournait en rond dans sa chambre. Madame Malik lui avait conseillé de ne pas sortir. Mais cette inaction lui devenait insupportable. Un matin, elle regarda sa pivoine pour savoir que faire. Une fois encore, la réponse émergea en elle. Il fallait parler à son guide en qui elle avait une confiance absolue. Elle savait maintenant où le trouver.

Elle descendit au rez-de-chaussée, madame Malik n'était pas là. Elle sortit sur le seuil de la porte et s'aventura dans la rue déserte. Pas âme qui vive à l'horizon. Simon montra aussitôt son visage. Il était assis sur une marche de la maison voisine. Il veillait sur elle comme un garde du corps.

— Simon, que faire ? La ville est assiégée par ce virus. Il s'abat sur la Cité comme un nuage de fumée qui nous aveugle. As-tu déjà vu cela ailleurs ?

Simon acquiesça.

— J'imagine que cela peut durer longtemps ?

Deuxième acquiescement du garçon. Elle poursuivit :

— Tu penses que nous devons partir ?

Il fit un grand oui de la tête, le regard convaincu et désolé à la fois.

— Tu veux me ramener à l'oasis, c'est ça ? Je serai plus en sécurité là-bas, n'est-ce pas ?

La vérité était difficile à entendre. Elle n'attendit pas la réponse de Simon.

— Je n'avais pas prévu de rentrer avant la fin de l'année scolaire. Mais les circonstances nous imposent un départ imminent. Dasine et Léon se préparent eux aussi à partir pour un long voyage. Dasine va enfin découvrir les merveilles dont lui a parlé son mari.

Alors qu'elle allait rentrer de nouveau chez elle, triste à l'idée de devoir faire ses bagages, Simon sortit son ardoise et écrivit :

« Départ demain à l'aube. »

Anicha, qui ne s'attendait pas à une telle annonce, répliqua :

— Comment ça, demain à l'aube ? Mais je dois dire au revoir à mes amis. Laisse-moi quelques jours quand même !

Trop tard, Simon avait déjà filé et disparu à l'angle de la rue. Elle savait qu'il agissait pour son bien. Il ne lui restait plus qu'à passer cette dernière journée dans sa chambre, à écrire à chacun de ses amis, Colet', Dasine, Léon et Leï. Le soir venu, elle rejoignit madame Malik dans l'arrière-boutique et s'assit près d'elle, à la lueur de quelques bougies parfumées. Elle lui donna ses lettres pour qu'elle les remette à chaque destinataire. Puis elles dînèrent d'un repas froid. Elles n'étaient pas d'humeur à cuisiner. Se quitter en de telles circonstances les attristait tant. Elles auraient voulu étirer les heures pour retarder le départ. Maintenant si attachées l'une à l'autre, elles appréhendaient une longue séparation. Vers minuit, madame Malik conseilla pourtant à Anicha d'aller se coucher. Une drôle d'expédition l'attendait tôt le lendemain matin.

Une fois à l'étage, Anicha se changea pour la nuit. Elle s'assit devant le miroir et huma le parfum de sa fleur. De nouveau le nectar se répandit dans son corps. Grâce à lui, elle se sentit prête à revenir chez elle, comblée par ces trois mois passés dans la Cité, riches de rencontres et d'apprentissages en tous genres.

De ce départ précipité émergea la hâte de retrouver ceux qu'elle avait quittés l'été précédent. Elle allait pouvoir tout leur raconter sur la base de son journal.

Une fois dans son lit, Anicha ferma les yeux et se souvint du rêve qu'elle avait fait dans le désert, celui où un petit mouton blanc lui parlait d'un grand froid qui allait arriver. Elle comprenait maintenant les paroles imagées de cet être apparu dans ses songes pour l'avertir du danger.

« *Tu vis l'épreuve de la chaleur. Emmagasine le feu sans te brûler,*
il te sera vital pour affronter les jours de grand froid.
N'aie crainte, tu découvriras dans la difficulté ta propre puissance.
Elle te montrera le chemin. »

Au petit matin, Simon l'attendait avec les deux mêmes porteurs qu'à l'aller. Tout était prêt pour revoir le désert, mais aussi sa chaleur, ses nuits froides, ses vents, ses mirages et ses habitants mystérieux. Anicha salua tendrement madame Malik, qui était devenue plus qu'une logeuse, et partit à pied, bien emmitouflée, jusqu'à la grande porte d'entrée de Marrakech. Là, Simon et ses porteurs lui dirent de s'arrêter. Ils prirent ses bagages et, sous le regard surpris d'Anicha, les disposèrent sur le dos de deux chameaux. En effet, Simon, après le voyage de l'aller, avait jugé bon de prendre plutôt ces montures, beaucoup plus résistantes que des mulets dans des conditions extrêmes. Il observa la jeune voyageuse, voulant s'assurer qu'elle gardait le moral. Elle comprit en un instant qu'il s'inquiétait d'avoir à lui infliger un tel périple en plein hiver. Dans le silence, elle opina de la tête pour le rassurer. Elle était prête. Tournée désormais vers ses racines, elle regardait droit devant.

À peine le voyage entamé, la grande Cité disparaissait déjà au loin. Il faisait doux, le ciel était bleu. Le voyage pouvait commencer sous les meilleurs auspices. Habitée par l'impatience de retrouver ses parents et les villageois de l'oasis, elle se sentait protégée par la présence silencieuse du guide. Ils éprouvaient l'un envers l'autre un grand respect qui avait grandi ces dernières semaines. Leur subtile communication avait besoin de peu de mots.

Les six jours se passèrent sans encombre. Pas de fennec ni de scorpion à l'horizon.

La dernière nuit arriva enfin. Plus que quelques heures de sommeil et Anicha retrouverait sa famille et son village. Mais les minutes semblaient des heures, et ses yeux ne voulaient pas se fermer à côté des trois hommes qui semblaient dormir profondément, enroulés dans des lainages superposés. Elle prit la pivoine dans son sac et la posa à ses côtés. Son nectar l'aiderait peut-être à s'endormir. Soudain, elle sursauta en entendant un bruit étrange. Quelque chose se frayait un chemin dans le sable et se dirigeait rapidement vers elle.

Anicha bondit, prête à hurler, agrippa le bâton qu'elle n'avait pas quitté de tout le voyage. Mais le silence revint. Elle avait dû rêver. Elle serra fort ses couvertures en guise de protection. C'est alors qu'elle entendit une voix reconnaissable entre toutes :

— Bonsoir, Anicha. Comment vas-tu ? Je n'ai pas résisté à l'envie de venir te voir.

— Naj ! Tu m'as fait une de ces peurs ! Je suis contente que ce soit toi ! Mais ne parlons pas trop fort, nous risquons de réveiller mes amis, enchaîna la jeune fille.

C'est alors que le guide, qui en réalité ne dormait pas, se leva pour rejoindre Anicha d'un pas assuré.

Naj ne bougea pas pour autant. Anicha était embarrassée. Qu'allait penser Simon en la voyant parler avec un serpent ?

— Tu sais, Simon porte des trésors intérieurs, dit Naj en riant, tout en s'enroulant autour du cou du jeune homme resté paisible. Nous nous connaissons depuis longtemps lui et moi. Tu peux parler à cœur ouvert devant lui, c'est un homme avisé.

Le guide se mit à chuchoter dans une langue inconnue pour Anicha. Elle ne comprenait plus rien à la situation.

— Il me charge de te dire qu'il est très heureux de t'accompagner et de constater que tu parles le langage du petit peuple.

— Incroyable, lui aussi connaît le petit peuple ? répondit Anicha, interloquée. J'aurais dû m'en douter !

— C'est pour ça que vous vous comprenez si bien, même sans parler, enchaîna Naj. Vous êtes éclairés par le scarabée bleu. En tout cas, Anicha, poursuis sur ta lancée. Notre petit peuple et toi sommes unis par un fil d'or invisible. Aussi jeune sois-tu, tu vas devoir aller encore plus loin sur ton chemin maintenant que tu as accès facilement à ta source. Encore un peu d'apprentissage et tu seras en mesure de soigner et de panser les plaies de ceux que tu rencontreras sur ta route. Ton destin est d'éclairer les ombres. Je ne t'en dis pas plus, je te mets juste sur la voie.

Puis Naj s'éclipsa, exactement comme à leur première rencontre. Simon et Anicha restèrent l'un en face de l'autre autour du feu, communiant dans le silence de la nuit, sans imaginer une minute se rendormir. Ils n'avaient qu'une envie maintenant, rester ensemble et partager à leur manière le secret qui les unissait. Complices, ils pouvaient à présent rire et partager leur passé. Simon écrivit quelques mots sur son ardoise, de temps en temps, pour se faire comprendre, Anicha lui confia ses tristesses d'enfance, sa mise à l'écart, les livres qui l'avaient fait rêver alors qu'elle grandissait à l'abri des palmiers. C'était la première fois qu'elle parlait ainsi de ses premières années et de la façon dont elle vivait, en retrait du monde, avant de rencontrer le scarabée bleu.

L'aube s'annonça, Simon prépara du thé. Dans moins de six heures Anicha serait chez elle. La boisson chaude avalée d'un trait, ils repartirent, aidés des porteurs, pour quelques heures à dos de chameau, malgré la nuit blanche.

Vers trois heures de l'après-midi, la jeune fille aperçut les premiers palmiers. Son cœur se mit à battre la chamade. Elle eut l'impression qu'il allait s'arrêter. Tout en courant, à l'approche de l'oasis, elle cria : « Papa, Maman, je suis là ! » Une hirondelle blanche venue de nulle part se joignit à sa course.

Tout le monde accourut pour voir d'où provenaient les cris. Personne ne l'attendait à cette période de l'année. Ceux qui l'aperçurent au loin allèrent vite chercher ses parents. Et en quelques instants, presque tout le village s'était rassemblé pour accueillir la fille du désert. Elle n'était partie que trois mois et, pourtant, elle semblait avoir vécu plusieurs vies depuis. Ils n'auraient su dire pourquoi, mais elle semblait si changée. Ils la touchaient pour être sûrs qu'ils ne rêvaient pas. Les trois accompagnateurs assistèrent à la scène, satisfaits d'avoir ramené Anicha à bon port.

Prenant la parole avec grandiloquence, la maman d'Anicha, essoufflée d'avoir couru malgré son embonpoint, s'écria :

— Chicha est arrivée et nous avons tous vu une hirondelle voler au-dessus de sa tête. Je proclame que ma fille s'appellera désormais l'Hirondelle !

— Vive l'Hirondelle, vive l'Hirondelle ! renchérirent d'une même voix tous les villageois.

C'est ainsi que commença un nouvel épisode dans la vie de la jeune fille. Du haut de ses seize ans, elle avait traversé le désert et était revenue saine et sauve de la Cité, et surtout à jamais transformée. La petite Chicha avait laissé la place à l'Hirondelle, en plein envol.

12

Le scarabée bleu

C'est en véritable princesse que la fille de la vallée du Dadès fut acclamée chez elle. La joie des retrouvailles effaçait la fatigue accumulée pendant le voyage. Le guide Simon et les deux porteurs furent reçus comme des princes. Ils avaient ramené Chicha, devenue l'Hirondelle, et avaient pour cela bravé la chaleur, le froid et les animaux dangereux. La reconnaissance de tous, et des parents en particulier, déferlait sur eux par le biais de présents, d'embrassades des femmes et d'accolades des hommes.

Anicha ne savait par où commencer son récit. Sa mère, qui ne cessait d'essuyer ses larmes, lui conseilla d'aller poser ses bagages, de retrouver sa maison et surtout de se préparer. Il fallait organiser une grande fête le soir même en son honneur.

Elle accompagna sa fille à la maison. Rien n'avait changé, tout était comme si elle n'était jamais partie. L'espace qui lui faisait office de chambre dans un recoin n'avait pas été touché. Les livres étaient toujours empilés à même le sol, recouverts d'un grand tissu pour ne pas qu'ils s'abîment, ses tuniques toujours suspendues au mur pour ne pas se froisser. L'intérieur restait modeste, mais, aux yeux d'Anicha, sa maison valait tous les palais. Pendant qu'elle déposait ses affaires, Mina était déjà retournée à ses fourneaux, d'où elle lança :

— Chicha, tout le monde va venir à la maison ce soir pour te fêter. J'ai invité tout le village sans réfléchir ! Je suis affolée, comment allons-nous tous rentrer ici ?

— Maman, il n'était pas nécessaire de faire un grand festin. C'est beaucoup de travail pour toi.

— Ce n'est pas tous les jours qu'on retrouve sa fille revenue de la Cité. Tu verras quand tu seras mère, tu comprendras.

— Tu m'as tellement manqué, Maman. J'aimerais t'emmener là-bas et te faire rencontrer Dasine et madame Malik, les femmes qui m'ont hébergée. Elles te plairaient, tu sais !

— Quitter le village, jamais ! Ma vie est ici ! Je compte sur toi pour me les présenter quand tu les inviteras à l'oasis !

Elles sourirent toutes les deux à l'idée de se réunir en présence de nouvelles amitiés.

— Allez, Chicha, prépare-toi, tous les regards seront pour toi ce soir. Et ce guide, Simon, quel dommage qu'il ne parle pas, il est si beau !

— Maman, je ne vois pas le rapport.

— Moi, je le vois… !

— Bon, je crois que je ferais mieux d'aller me changer effectivement.

Anicha partit s'isoler dans sa chambre. Son attention alla tout de suite à sa fleur. La pivoine retrouvait sa place originelle sur un petit meuble bas, à côté de la pile de livres. Après l'avoir longuement regardée en silence, elle se tourna vers ses robes traditionnelles. Elle opta pour la plus récente, un caftan couleur de lune, aux rayures argentées. Une ceinture dans les mêmes tons complétait parfaitement la tenue. Un châle la protégerait du froid.

La touche finale revenait au safran dans les sourcils et au henné sur les mains. Le V était encore bien visible au milieu de son front dégagé. Le reste de la chevelure était retenu dans une grande natte pour faire plaisir à sa mère.

Perdue dans ses pensées, elle entendit soudain :

— Anicha, viens me voir.

Pas de doute, il s'agissait du scarabée bleu ! Enfin, il se montrait de nouveau. Elle s'approcha de la pivoine, sûre de trouver l'insecte à sa place comme au premier jour.

Spontanément, elle le tutoya sans s'en apercevoir. Elle ne s'était jamais sentie aussi proche de lui.

— Bonjour, scarabée bleu. Quel plaisir de te revoir ici comme cet été. J'ai l'impression qu'une vie s'est écoulée depuis.

— C'est un peu ça, tu as raison. Je tenais à te dire bravo pour ton exposé. J'étais là, tu sais, accompagné de tous les insectes que tu as libérés. Merci, Anicha, tu es étonnante. Tu apprends si vite. Écoute-moi bien, tu as peu de temps à me consacrer et je ne vais pas être tendre, jeune fille. L'heure est grave. Je veux que tu saches que le mal gagne du terrain. Tu es protégée ici dans l'oasis. Mais l'épidémie ne sévit pas qu'à Marrakech. Nous sommes à un carrefour, Anicha, la civilisation peut basculer dans la lumière ou dans les ténèbres, tant elle est devenue fragile. Le monde que tu connais encore si peu a de la fièvre et lutte contre le virus. Je ne pensais pas devoir te parler ainsi si vite. Le petit peuple s'est réuni et lors de notre assemblée, nous t'avons choisie à l'unanimité pour porter secours aux êtres de ton espèce. Pars, va courir le monde, permets à ceux que tu croiseras de se relier au royaume tapi en eux. Aide-les à accéder à la connaissance. Chacun porte en soi un potentiel de guérison. Invente des remèdes, sublime les lois naturelles et les sciences de la vie, conseille ceux qui ont le pouvoir. Plus ils seront nombreux à agir avec le cœur, plus les peuples seront animés par la volonté de faire basculer la civilisation du bon côté. C'est le seul moyen d'être sauvés. Il faut agir vite ! Surtout, crois très fort en toi. Va, ma fille, ne cesse jamais de grandir et deviens leur phare.

Ce furent ses derniers mots. Il partit comme à son habitude, laissant Anicha seule avec cette énorme responsabilité sur les épaules. Tout cela lui paraissait si abstrait. Elle n'avait, pour l'heure, envie que d'une chose, faire la fête entourée de sa famille et des villageois. Elle décida de mettre entre parenthèses ces paroles trop complexes à comprendre. Il serait bien temps d'y revenir plus tard.

Ce soir-là, l'oasis était comme toujours protégée dans la vallée du Dadès. Les habitations, construites de terre-paille, avaient toujours su se fondre dans le paysage, se faisant ainsi oublier des guerres et des maux des villes. Aujourd'hui encore, loin de tout, la vallée restait un havre de paix. Qu'il était réconfortant de retrouver le naturel confiant et jovial des villageois, qui arrivèrent tôt dans la maison familiale, trop impatients de démarrer les festivités. Accompagnés de leurs flûtes et de leurs tambourins, ils rythmaient leurs pas de danse sous le porche. La féerie opérait. Le père d'Anicha voulut marquer le début de la soirée par un discours. L'adolescente était heureuse de le retrouver plus détendu et serein que lors de son départ, trois mois plus tôt. Lui, si taciturne l'été dernier, était aujourd'hui triomphant et soulagé. Dans un moment de doute, elle se demanda pourquoi son père avait autant changé de comportement. Mais l'heure n'était pas aux questionnements. Elle avait délibérément choisi de recevoir toutes les marques d'affection des siens, qui lui avaient tant manqué. Elle se surprit à penser : « Si seulement Dasine et Léon, Leï, madame Malik, mais aussi Colet', Akam, Naj, le fennec et bien sûr le scarabée bleu étaient de la fête, mon bonheur serait alors complet. » Et dans un coin de sa tête, elle avait gardé les dernières paroles solennelles du scarabée bleu.

La soirée se poursuivit jusque vers une heure du matin. Un grand feu était allumé devant la maison pour réchauffer ceux qui restaient autour d'Anicha. Les habitants de l'oasis appréciaient de toute évidence sa nouvelle façon d'être, plus ouverte, plus bavarde et plus désireuse que jamais de rire avec eux. Enfin, elle se mêlait au groupe, participait et partageait ses aventures avec ses semblables, loin de ses livres.

Au petit matin, elle eut du mal à sortir de son lit douillet. Elle se leva tard, relâchant la tension des derniers jours. Autour d'un petit déjeuner copieux composé de crêpes et de beignets, elle prit le temps de raconter à ses parents chaque détail de sa vie dans la Cité, de sa déshydratation dans le désert à son entrée dans l'école aux côtés de madame Malik, en passant par sa visite à Dasine dans l'hôpital délabré. Volontairement, elle n'évoqua pas le passage dans le jardin botanique, lieu d'habitation de son amie Colet', ni la libération des insectes sur la grande place. Ses parents se seraient inquiétés de telles idées fantasques. Mais elle leur montra son journal, entre écriture et peinture, s'appuyant sur l'exposé qu'elle avait fait lors de la représentation générale. Tahar et Mina tremblaient un peu. Comment était-il possible qu'ils soient les parents de cette enfant, si éloignée de leur univers ? À la fois fiers et désorientés, ils se sentaient maintenant un peu étrangers face à ce qu'elle avait appris. Ils n'eurent pas le temps de la questionner plus avant que déjà des villageois arrivaient sans frapper pour prendre le thé et passer un moment avec l'Hirondelle et ses parents. Même les trois adolescents qui avaient dénigré Anicha l'été précédent avaient envie de l'entendre parler. La journée se passa ainsi au gré des échanges avec les uns et les autres. Et vers la fin de l'après-midi, tout le monde se donna rendez-vous pour une grande veillée chez le sage du village, le père de Mina, qui avait survécu dans sa jeunesse à la morsure mortelle d'un animal mystérieux. Ce soir-là, il allait fêter ses quatre-vingt-dix ans. Anicha ne voulait manquer la célébration de l'anniversaire de son grand-père pour rien au monde. C'était, pour l'oasis, un excellent prétexte pour se réunir une fois de plus.

Le soir venu, alors que tout le monde dégustait les plats que chacun avait apportés en abondance, à trois cents mètres à peine des festivités, une femme vêtue de loques s'introduisit dans la bâtisse de Mina et Tahar, grande ouverte et déserte. Elle trouva rapidement ce qu'elle cherchait : la pivoine qui ne fanait jamais. Elle s'en empara aussitôt, la mit dans un grand sac en toile et fila aussi vite que possible dans la nuit noire. Elle avait une grande cicatrice sur la joue.

Vers dix heures du soir, le sage signifia à ses convives qu'il voulait aller se coucher. Ce qui tombait bien. Tous étaient encore fatigués de la veille.

Simon raccompagna Anicha, toujours en silence, avant de la saluer sur le pas de sa porte. Il avait déjà fait demi-tour et parcouru une vingtaine de mètres pour rejoindre sa tente, quand il entendit un cri strident. Il se précipita à la rencontre d'Anicha, entra sans frapper. D'un regard, il comprit. Devant le vase vide, agenouillée par terre, elle pleurait. Il aperçut un bout de tissu violet déchiré pas très loin de l'entrée. Aussitôt, les parents accoururent, suivis par d'autres villageois. En un rien de temps, une dizaine de personnes se retrouvèrent dans la pièce principale de la maison. Personne ne comprenait. Anicha restait muette, les joues couvertes de larmes. À la surprise générale et parce qu'il fallait bien donner une explication aux parents et aux curieux, Simon sortit son ardoise. Il écrivit :

« Anicha avait une fleur précieuse dans ce vase. Elle a disparu. Ce bout de tissu violet déchiré est un indice. Il appartient à une femme dangereuse. »

La petite assemblée resta figée, interloquée. Mina tentait de réconforter sa fille inconsolable. Les autres discutaient, s'interrogeaient et faisaient des suppositions sur cette voleuse mystérieuse. Pourquoi s'introduire dans une maison où il n'y avait rien à voler ? Et pourquoi s'emparer d'une fleur ? Tout ceci semblait bien étrange. Tahar n'avait pas dit un mot depuis qu'il était rentré chez lui en découvrant sa fille effondrée. Il avait repris son air soucieux. D'un ton grave, il ordonna :

— Je vous demande à tous de sortir. J'ai besoin de discuter avec ma famille. Simon, s'il te plaît, reste avec nous.

Les badauds sortirent dans la minute. Une fois le calme revenu, on n'entendait que les sanglots de l'Hirondelle. Dans le cercle plus restreint, Tahar reprit la parole avec douceur cette fois :

— Ma fille chérie, tu dois me dire ce que cette fleur cache comme secret. Elle seule a pu attirer une personne mal intentionnée chez nous. C'est sûrement pour une raison bien particulière.

Anicha ne dit mot, son regard était perdu dans le vague. Son air absent donnait l'impression qu'elle était gravement malade. Tahar poursuivit, sans sourciller :

— Chicha, reprends-toi. Nous allons retrouver cette fleur si importante pour toi.

Puis il se tourna vers Simon.

— Jeune homme, que s'est-il passé dans la grande Cité ? Je dois savoir.

Simon était bien embarrassé. À quel point était-il en mesure de dévoiler le secret du scarabée bleu, de son petit peuple et du pouvoir de la fleur ? Il prit un temps pour réfléchir. L'atmosphère devenait de plus en plus pesante. Anicha était devenue blanche comme un linge. Simon sortit son ardoise.

« Quelqu'un a offert cette fleur à votre fille. Elles sont toutes les deux liées par une force. Seule Anicha pourra vous raconter son histoire. »

Il effaça ensuite ce qu'il venait d'écrire à la craie, pour ajouter :

« Je connais la femme qui a volé la fleur. Elle sait la force qu'elle recèle. Nous devons faire vite. »

Tahar, sombre, prit de nouveau la parole pour conclure.

— Je sais qui a volé cette fleur… C'est ma sœur.

Mina releva soudain la tête, interrogeant du regard son mari à propos de ce qu'il venait de dévoiler. Il lui devait une explication.

— Oui, Mina, tu ne l'as pas connue. Toute petite déjà, elle voulait faire le mal. Elle a fugué très jeune avec un voyageur étrange qui l'emmena à la grande Cité. Ma mère en est morte de chagrin. Un jour, elle est revenue me voir, pour me soutirer de l'argent. Elle disait avoir découvert un secret, un genre de peuple magique dirigé par une sorte de coléoptère bleu. Elle voulait m'embarquer dans son aventure. Elle délirait complètement. Je n'ai plus jamais voulu la revoir. Mais, régulièrement, j'ai entendu parler d'elle par des gens de passage qui évoquaient une femme qui errait à Marrakech, à la recherche d'un peuple composé de bêtes mystérieuses. Tout le monde se moquait d'elle. Sauf qu'un jour, on m'a dit qu'elle allait jusqu'à tuer pour se procurer ces petits êtres. Puis cette histoire est devenue, avec les années, une sorte de légende. Personne ne savait si cette femme avait vraiment existé. Sauf moi. Voilà pourquoi je redoutais qu'Anicha parte à la grande Cité. J'avais si peur qu'elle croise cette sorcière, ma sœur, la honte de la famille. Et je comprends maintenant que ce que je redoutais le plus est arrivé. Simon, tu as raison, sans plus tarder, partons à sa recherche. Surtout, prends ton ardoise. J'ai des questions à te poser. Mina, pardonne-moi de ne t'avoir rien dit plus tôt, je ne voulais pas avouer ma crainte et t'inquiéter plus que nécessaire.

Mina pleurait. Anicha s'était évanouie.

13

Un étranger sur la route

Il était huit heures du matin. L'air était glacé. Dans les hauteurs de l'Atlas, l'hiver était arrivé d'un seul coup. Les premières neiges apparaissaient sur les sommets. Les animaux de la vallée, comme les hommes, se préparaient pour de longues semaines, et le village d'Anicha avait revêtu son manteau de mélancolie : tout semblait vivre au ralenti, comme si un chagrin s'était abattu sur la vallée.

Depuis une semaine déjà, la jeune fille était de retour dans son oasis. Elle avait du mal à reprendre ses esprits. Un voile s'était posé sur le vert de ses yeux et la plongeait dans un brouillard permanent. Tel un filtre, il empêchait toute sa vivacité d'émerger.

Mina, elle, maigrissait à vue d'œil. Rongée par l'inquiétude de voir sa fille plongée dans une léthargie inédite, elle perdait peu à peu de son embonpoint rassurant, en même temps que ses joues se creusaient. La cuisine, sa passion, avait perdu tout attrait pour elle. Les bons tajines et les plats mijotés qui ravissaient tant les papilles de son mari et de sa petite Chicha semblaient bien loin.

Depuis sept jours, Tahar et Simon arpentaient la vallée du Dadès du matin au soir. Bien couverts de la tête aux pieds, ils ne parlaient pas, ils marchaient. Dans cette nature silencieuse, ils scrutaient l'horizon. Ils tentaient d'apercevoir une ombre, un signe qui prouverait que la sorcière était passée par là. Capables d'aller au bout du monde s'il le fallait, ils ne rentreraient pas avant d'avoir retrouvé la fleur mystérieuse. Mais les jours se succédaient, et pas une trace encourageante n'était apparue depuis la nuit du vol, si ce n'est le bout de tissu violet déchiré retrouvé par Simon.

Alors qu'ils accéléraient le pas à flanc de montagne, en fin de journée, sous un ciel terne, ils croisèrent un autre voyageur solitaire. Tahar le reconnut tout de suite. Cet homme avait déjà fait halte dans l'oasis quelques années plus tôt. De grande taille, il faisait presque deux mètres, il était si fin qu'il donnait l'impression d'être monté sur des échasses. Son visage, entouré d'un collier de barbe, était ridé, marqué par les aléas d'une existence sans attache. Il portait des petites lunettes rondes. Sa voix était puissante, son regard profond. Écrivain, il sillonnait les pays pour trouver l'inspiration. C'est à lui que Tahar avait acheté à Anicha son premier livre, alors qu'elle devait avoir trois ans : un carnet de voyage illustré de beaux dessins qui évoquaient des pays si lointains qu'on ne savait pas s'ils existaient vraiment. Seul l'auteur détenait la vérité. Tahar lui rappela ce premier livre dédicacé, qui se trouvait encore dans la chambre de sa fille. En se remémorant ces années avec nostalgie, il eut les larmes aux yeux. Le voyageur, qui l'avait reconnu à son tour, repensa, lui aussi, à cette enfant qui avait montré une curiosité inhabituelle pour son âge et l'avait marqué. Il sourit, ravi de retrouver un visage connu après des jours de marche, avec la nature pour seule compagnie.

— Rappelle-moi comment tu t'appelles, demanda Tahar pour lancer la conversation. Après toutes ces années, pardonne ma mémoire défaillante.

— Ottor. Je m'appelle Ottor. J'arrive d'Égypte.

— Qu'es-tu allé faire là-bas ?

Tahar n'en croyait pas ses oreilles. Cet homme, ce géant, avait traversé le désert depuis l'Égypte, sûrement pendant des semaines interminables.

— J'ai souvent lu des histoires sur les pyramides et les mythes égyptiens. Je voulais trouver là-bas un cadre pour mon nouveau roman. J'ai visité des monuments extraordinaires, rencontré un peuple fascinant. Et puis je me souviens que, quand j'étais enfant, ma mère me racontait une histoire pour m'endormir, une histoire qui m'a marqué à jamais. Je vais peut-être vous paraître ridicule, mais elle me contait la légende du scarabée bleu. Vous la connaissez ?

Il n'attendit pas la réponse de ses interlocuteurs. Enchanté de pouvoir enfin parler avec quelqu'un et sortir de ses monologues intérieurs, il enchaîna :

— D'après la légende, le scarabée bleu serait apparu pour la première fois en Égypte et son peuple se serait formé là-bas. Évidemment, je n'ai pas trouvé cet insecte qui n'existe pas en réalité, mais je reviens avec un cadre pour mon nouveau roman, qui se passera au bord du Nil.

Tahar, sans embarras, coupa court à la discussion.

— Pour l'heure, nous ne devons pas traîner. Nous sommes à la recherche d'une femme dangereuse qui s'est enfuie dans la vallée. Peut-être l'as-tu croisée ?

— Je n'ai pas vu l'ombre d'une vie ici. Mais je viens avec vous, je vais vous guider. Car si vous allez loin, vous risquez de vous perdre. Je connais par cœur tous ces chemins. Quant aux routes qui mènent au-delà, faites-moi confiance, je les ai empruntées plus d'une fois. Je suis heureux de vous avoir trouvés et d'avoir un peu de compagnie, je commençais à tourner en rond dans ma tête, dit-il avec un air enjoué, comme soulagé.

Tahar jeta un œil en direction de Simon. Il comprit dans son regard que l'homme, fin connaisseur du Maroc et des pays voisins, pouvait être d'un soutien précieux. Il était encore trop tôt pour savoir s'il serait perspicace. Mais Tahar se souvenait maintenant très nettement de la manière dont il s'était adressé à Anicha quand elle était encore si petite. Il avait émerveillé sa fille avec ses fables et sa disponibilité à son égard. Ce conteur lui avait dès lors fait bonne impression. Et à bien y réfléchir, trois hommes ne seraient pas de trop pour chercher une sorcière prête à tout pour voler des êtres magiques.

— C'est d'accord. Viens avec nous. Je ne suis jamais vraiment sorti de la vallée, je l'avoue. Tu vas nous guider. Nous serons plus forts ensemble.

Tahar lui brossa un rapide tableau de la situation : sa fille qui était plongée dans un grand désarroi, Simon qui était muet et ne s'exprimait qu'à l'aide de son ardoise, la femme qu'ils recherchaient. Tahar jugea qu'il était encore trop tôt pour lui relater les faits en détail. D'un naturel prudent et posé, il n'accordait sa confiance qu'après avoir eu la certitude qu'il avait en face de lui des personnes bien intentionnées. Quand c'était le cas, il devenait alors loquace et très amical.

— Par où souhaitez-vous commencer ? lança Ottor, impatient.

Tahar jeta un œil à Simon pour tenter de lire la réponse dans les expressions de son visage. Mais sans attendre, puisqu'il commençait à se faire tard, il jugea plus prudent de faire halte à l'endroit même où ils se trouvaient, en vue d'une nuit réparatrice. Ottor et Simon acquiescèrent, soulagés de cette perspective de repos. À peine le campement de fortune établi, les trois hommes s'assirent pour reposer leurs jambes engourdies. Au bout d'à peine dix minutes, Simon sentit une intuition monter en lui. Ce n'était pas la première fois qu'il avait ce genre de fulgurance. Sans tarder, il sortit son ardoise et inscrivit à l'attention du père de sa jeune amie en détresse :

« Partons en Égypte. »

Stupéfait, Tahar ne comprenait pas. Le mode de fonctionnement de Simon avait le don de le laisser perplexe ! Et l'Égypte était à des kilomètres de là. Quelle idée saugrenue d'imaginer que sa sœur ait pu filer si loin ! Dans ces moments précis, il regrettait que Simon soit privé de la parole. La discussion était forcément freinée par la barrière de l'ardoise. Ottor, de son côté, restait sans voix. Pour lui qui en venait, il était hors de question de faire demi-tour.

— C'est une plaisanterie ! Repartir en Égypte alors que j'en viens ? Vous ne vous rendez pas compte des distances. Et quelle raison justifierait une telle destination ?

Tahar se tourna vers Simon.

— Simon, dis-nous ce que tu as derrière la tête, s'il te plaît. Sois bien explicite. C'est la vie d'Anicha qui est en jeu !

« La légende dit que le scarabée bleu est apparu pour la première fois là-bas. Ottor l'a confirmé. Seul l'insecte peut nous aider à retrouver la pivoine. »

Tahar apparaissait soudain privé de toutes ses forces, avant même le début d'un possible périple.

— Mais comment penses-tu trouver ce fichu scarabée, s'il existe vraiment ? Et imagines-tu vraiment que ma sœur est là-bas ? Nous n'avons aucun indice. Je crois en toi, mais je ne peux confier la vie de ma fille uniquement à ton intuition ! On tourne en rond depuis une semaine maintenant. C'est insensé ! Et je n'ai aucune nouvelle de l'oasis. Il serait plus prudent de rebrousser chemin et d'aller voir comment se porte Anicha, si son état ne s'est pas aggravé, non ?

Simon était acculé à en dire plus, sinon sa parole n'aurait plus de valeur aux yeux des deux hommes. Il demanda alors à Ottor s'il avait du papier. Comme tout écrivain, il avait sur lui ce qu'il fallait. Il sortit un grand carnet dont les premières pages étaient griffonnées, il en arracha une dizaine de feuillets blancs et les tendit à Simon. Aussitôt, avec le crayon qu'Ottor lui tendit, le guide commença à écrire. Tahar, exaspéré, ne tenait plus en place.

— Ottor, viens avec moi, allons chercher du bois pour faire le feu. Laissons Simon prendre le temps de tout nous expliquer.

Les deux hommes s'éloignèrent. Sous la plume de Simon allait naître le projet d'un voyage au pays des pharaons.

Mais ce qui se passa vint bouleverser le cours des choses : alors que Simon, crayon en main, s'apprêtait à délivrer son message, le scarabée bleu se posa sur la feuille blanche, stoppant net la main ferme du guide.

— Simon, je ne suis jamais venu te voir en personne. C'est le serpent Naj qui s'est occupé de ton initiation. Mais, cette fois, je viens pour t'arrêter à temps. Ne vous dirigez pas vers l'Égypte, ce serait peine perdue. C'est vrai, je suis né là-bas, j'y ai fait grandir mon peuple. C'est au bord du Nil que ceux qui m'ont rejoint ont appris comment aider les humains que je leur confiais. C'est dans les pyramides que nous nous réunissons depuis des siècles pour écrire le Livre de la Terre, dans lequel toute notre philosophie est consignée. Les Égyptiens ont deviné mon message et m'ont associé au soleil levant, à la terre et à la renaissance. Ta piste est donc la bonne. Là-bas, tu me verrais sur des colliers ou sous forme d'amulette. Je te raconte tout ça pour que tu comprennes pourquoi la femme balafrée est partie en Égypte. Tu as raison, elle y est pour trouver le Livre de la Terre. Sans lui, la fleur ne peut lui être d'aucun secours, puisqu'elle appartient uniquement à Anicha. Mais pour me trouver, nul besoin d'aller si loin comme tu peux le constater. Je communique avec l'air et le vent, les distances ne comptent pas pour moi. Ne les emmène pas si loin, du moins pas pour l'instant…

Simon avait le regard interrogatif. Mais le scarabée anticipa ses questionnements silencieux.

— Je sais ce que tu te demandes. Je suis là en face de toi alors que, de ton côté, tu cherches la fleur d'Anicha pour pouvoir la sauver. Mais cette épreuve, plus grande encore que les autres, fait partie de son chemin pour grandir. Sans sa fleur, elle peut vaciller, tomber, mais elle renaîtra encore plus forte. Sa pivoine reviendra au bon moment, quand elle sera prête. En attendant, retourne à ses côtés dans l'oasis. Soutiens-la. Elle va avoir besoin de toi.

C'est alors que Simon, dans une langue inconnue des humains, la seule qu'il pouvait parler, interrogea l'insecte. Traduite, sa question signifiait :

« On ne peut pas laisser la voleuse impunie et libre de causer encore plus de ravages ! Il doit y avoir un moyen de l'arrêter. Si ce n'est pas moi qui m'en charge, qui pourra la trouver en Égypte et l'empêcher de voler le Livre de la Terre ? »

Le scarabée bleu ne disait rien. Sa seule présence suffisait à faire émerger une réponse venue de l'unique source qui soit, celle du cœur. Simon et le coléoptère, sans un mot, se comprirent. La femme serait tôt ou tard arrêtée par un obstacle dans son périple néfaste.

Tahar et Ottor arrivaient les bras chargés de petit bois. Il était temps pour le scarabée de s'envoler. Une fois le tout posé à terre, les deux hommes scrutèrent la feuille blanche de Simon. Seul un début de phrase avait été écrit alors qu'ils s'attendaient à lire des pages entières. Simon écrivit :

« J'ai réfléchi. Vous avez raison. Je pense qu'Anicha a besoin de nous à ses côtés.

L'Égypte est loin, nous ne savons pas exactement où est la femme. Le voyage pourrait durer des semaines alors qu'Anicha ne va pas bien. C'est imprud… »

Tahar ne laissa pas Simon terminer.

— Mais tu es devenu fou, je te rappelle que nous cherchons la fleur pour sauver ma fille ! Pourquoi as-tu changé radicalement d'avis ? Tu perds la tête ou quoi !

Tahar ne savait plus ce qu'il disait. Il n'était plus qu'un père blessé et enragé, prêt à tout pour sauver la chair de sa chair. Heureusement, Ottor, avec un flegme imperturbable, s'interposa.

— Tahar, je crois, à bien y réfléchir, que Simon a raison. Vous êtes partis depuis une semaine et l'état d'Anicha a peut-être empiré. Ta femme a besoin de toi. Retournons au village et faisons le point sur la situation une fois sur place. Nous prendrons ainsi la mesure des choses à tête reposée. Tu n'as pas dormi depuis des nuits apparemment. Tu as les nerfs à vif. Le repos s'impose.

Effectivement, Tahar avait les mains qui tremblaient de nervosité. Il paraissait maintenant vieilli et hagard. Il n'avait plus la force d'argumenter, préférant se ranger à l'avis de Simon et d'Ottor, et s'en remettre à leur bon sens.

La nuit tombait sur les montagnes aux sommets blancs. Les compagnons se préparèrent un lit d'appoint à même le sol. Plusieurs épaisseurs de couvertures, posées sur des brindilles, faisaient office de matelas tout en protégeant du froid. Bercés par le crépitement du feu, ils s'endormirent. Le lendemain, une journée entière de marche, sans répit, les attendait.

14

De retour à l'oasis

Cette nuit-là avait été clémente, plongeant les trois hommes dans un profond sommeil. Si bien qu'au réveil ils étaient prêts à affronter le retour vers l'oasis, située à plusieurs heures de marche de là. Impatients, ils prirent à peine le temps de se restaurer. Ils empruntèrent les chemins sinueux de l'Atlas, quand, en milieu d'après-midi, une pluie abondante et incessante s'abattit sur eux. Des trombes d'eau tombaient du ciel gris et ralentissaient leurs pas. Les nuages étaient si bas qu'ils donnaient une impression d'étouffement. Les vêtements trempés, les voyageurs eurent très vite les membres refroidis jusqu'aux os. Enfin, vers cinq heures du soir, exténués, ils arrivèrent à destination : l'oasis d'Anicha.

Le village semblait comme engourdi, sous la pluie torrentielle. Les grandes feuilles des palmiers ne suffisaient pas à épargner le sol, gorgé d'eau. De la barbe blanche de Tahar tombaient de grosses gouttes. Son cœur battait la chamade. La peur le tétanisait. Dans quel état allait-il retrouver sa fille ? Simon, devinant son appréhension, le prit par le bras et l'entraîna vers sa maison. Ottor suivait, enregistrant dans sa tête tout ce qu'il voyait, entendait ou sentait : les couleurs sombres du ciel, les bruits de l'orage qui s'annonçait au loin, les fragrances qui se dégageaient de cette terre mouillée, les moindres détails sur le visage de ses deux compagnons. Son esprit ne s'arrêtait jamais. Tout pouvait être utile à son écriture. À l'approche de la maison peinte à la chaux qui avait vu naître Anicha, les trois hommes crurent entendre des voix de femmes. Contre toute attente, la joie se mêlait à leurs vives discussions. Tahar regarda Simon, interloqué. Ils accélérèrent le pas, ouvrirent la porte d'un coup sec. Au milieu de la pièce principale, trois jeunes femmes s'arrêtèrent immédiatement de parler. Parmi elles, Anicha, assise en tailleur, les yeux exagérément maquillés de khôl, était méconnaissable. Les deux autres étaient des filles du village, plus âgées. Elles devaient avoir dix-sept ou dix-huit ans. Tahar courut pour prendre sa fille dans ses bras. Il tentait de dissimuler ses larmes. Il avait tant redouté de retrouver Anicha, dans son lit, plongée dans un état de profond abattement, Mina prostrée à ses côtés. Ce qu'il avait devant les yeux était à l'opposé du tableau qui l'avait hanté nuit et jour. Les mots avaient du mal à sortir de sa bouche. Il réussit à parler avec beaucoup d'efforts.

— Chicha, ma Chicha, comment vas-tu ? Où est ta mère ?

Anicha ne répondit pas. Elle avait un air si bizarre que Simon se sentit soudain mal à l'aise en sa présence. Les deux jeunes filles à ses côtés ricanaient bêtement.

— Les filles, je vous prie de partir. J'ai besoin de me retrouver un instant avec mon père. Je viendrai vous voir plus tard, leur dit Anicha d'un air désinvolte.

Une fois les amies d'Anicha parties, les hommes prirent place dans le salon. Tahar alla chercher des serviettes pour que tout le monde se sèche. L'homme de la maison reprit la parole.

— Chicha, peux-tu nous préparer du thé ? Nous avons fait un grand voyage. Mes amis en ont bien mérité une tasse…

Il s'arrêta net, réalisant qu'il parlait dans le vide. Anicha n'était déjà plus dans la pièce.

Tahar, Simon et Ottor sortirent de nouveau sous la pluie battante. Des questions tournaient en boucle dans leur tête. Pourquoi Anicha était-elle partie si vite ? Pourquoi n'avait-elle pas pris de leurs nouvelles ? Que se passait-il en elle ? Tahar, cet homme que jamais rien n'avait ébranlé en apparence, était bouleversé. Quant à Simon, il restait fidèle à lui-même, gardant son sang-froid en toutes circonstances. Tôt ou tard, il parlerait à Anicha en tête à tête, mais, pour l'heure, il devait aider son ami à retrouver sa fille.

— Que puis-je faire pour vous aider, Tahar ? demanda Ottor.

— Toi et Simon, faites le tour de l'oasis pour retrouver ma femme. De mon côté, je vais tenter de voir où a bien pu passer Chicha. La nuit sera tombée dans moins d'une demi-heure. Il nous reste peu de temps. Je veux comprendre ce qui s'est passé dans ma maison en mon absence !

Il n'attendit pas la réponse de ses amis. Il partit d'un pas assuré chez son voisin, un homme âgé, toujours prêt à rendre service. Ce dernier avait vu naître Anicha, lui qui, bien que marié, n'avait jamais pu avoir d'enfant. En ouvrant la porte à Tahar, il l'accueillit avec un grand sourire de soulagement.

— Qu'il est bon de te revoir parmi nous, Tahar. Sans toi ici, ce n'est plus pareil. Entre, je t'en prie.

En même temps qu'il parlait, il fit signe à Tahar de s'asseoir sur une banquette et fit de même. Des tapis dans des tons grenat ornaient les murs. Une table, constituée d'un grand plateau circulaire en cuivre posé sur des pieds en bois sculpté, se trouvait au centre de la pièce. Du thé chaud attendait les hôtes qui venaient à l'improviste, à n'importe quel moment de la journée. Le voisin poursuivit d'un air grave :

— Mina ne t'attendait pas de sitôt. Tu la trouveras sûrement dans l'une des maisons du village. Chaque jour, elle est accueillie par l'un d'entre nous, pour la soutenir moralement.

— Mais elle ne reste pas auprès de Chicha ? interrompit Tahar.

— Comment dire ? Ta fille a bien changé, comme tu as peut-être pu le constater.

— Que veux-tu dire par « elle a bien changé » ? répondit le père, hors de lui.

— Chicha était abattue quand tu es parti à la recherche de la voleuse. Pendant deux jours, elle n'a pas mangé, ni même parlé. Mina pleurait à son chevet, croyant la perdre d'heure en heure. Tout le village était très inquiet et démuni. Nous nous relayions pour ne pas les laisser seules. Crois-moi, tu as bien failli ne plus revoir ta petite vivante.

— Mais… Qu'est-ce que cela signifie ? Elle a l'air d'avoir retrouvé toute sa vigueur maintenant ! Elle riait avec ses amies quand je suis arrivé. Et puis elle a filé comme un éclair. Je n'ai même pas eu le temps de lui parler, te rends-tu compte ?

— Oui, Tahar. J'imagine que c'est dur pour toi. Mais, au moins, elle est vivante ! Seulement…

— Seulement quoi ? Pourquoi es-tu si lent à me raconter la suite, bon sang ?

La tête de Tahar commençait à chauffer.

— Eh bien, comment te dire ? Du jour au lendemain, Anicha a recouvré ses esprits. Du moins en quelque sorte. Il est vrai que toutes les femmes du village ont essayé de lui faire avaler ceci ou cela. Je ne sais pas si l'un des remèdes a marché. Mais force est de constater qu'elle est debout. Maintenant…

— Je n'en peux plus ! Dis-moi ce qui lui arrive ! maugréa-t-il.

— Ce n'est plus la même. Dès le lendemain du jour où elle a repris connaissance, Mina nous a dit qu'elle avait voulu aller se promener. Ta femme, ravie, y a vu le signe d'un regain de vitalité. Mais ta fille est partie toute la journée. Ne la voyant pas rentrer, Mina a averti ceux qu'elle croisait et nous l'avons cherchée une bonne heure. Nous l'avons trouvée près de la maison de Raoul, en compagnie de ses deux filles. Maquillées à outrance, elles avaient une drôle d'allure. Ce pauvre bougre, depuis qu'il a perdu sa femme il y a cinq ans, il laisse ses filles jumelles livrées à elles-mêmes. Ces petites sauvageonnes de dix-huit ans jouent les grandes dames. Et pour une raison que je ne m'explique pas, elles entraînent Anicha dans leur folie.

— Que veux-tu dire exactement ? dit Tahar les sourcils froncés, prêt à bondir comme un fauve sur le premier qui oserait se mettre en travers de son chemin.

— Ta fille était avachie aux côtés des deux autres. Toutes les trois ricanaient bêtement et… elles fumaient. Sûrement cette herbe qui vient du Rif…

— Comment le sais-tu ? Étais-tu sur place ? Je pars quelques jours, et voilà les commères qui rappliquent et veulent saccager notre bonheur familial ! Comment oses-tu insinuer que ma fille fumait et qu'elle a de mauvaises fréquentations ! Tu la connais presque aussi bien que moi. Dites-moi que c'est un cauchemar et que je vais me réveiller ! C'est de la pure jalousie à l'égard de Mina et moi. Je l'ai toujours su, tout le village nous envie notre famille et ce qu'Anicha dégage. Comme je suis parti quelques jours, vous en avez profité pour répandre des calomnies sur nous ! Honte à toi ! Pour qui te prends-tu de me dire de telles choses ? C'est parce que tu n'as pas d'enfant, c'est ça !?

Tahar prononça cette dernière phrase en quittant la pièce, et en envoyant la table et le thé valser sur le tapis. Le voisin, consterné, regrettait ses paroles.

Il fallait maintenant tirer ça au clair, trouver Mina en urgence et reprendre en main la situation qui dépassait visiblement tout le monde.

Au même moment, Simon et Ottor arrivaient à sa rencontre et leurs mines ne laissaient rien présager de bon.

— Ottor, qu'est-ce qu'il y a encore ? N'en rajoutez pas, tous les deux, j'ai entendu assez de bêtises aujourd'hui. Avez-vous trouvé ma femme et ma fille ?

— Nous avons trouvé Mina, annonça timidement Ottor. Elle t'attend près du torrent. Elle ne veut pas se lever, elle pleure et il nous a été difficile de la comprendre au milieu de tous ses sanglots. Nous lui avons promis de venir te chercher. Viens avec nous, allons la retrouver.

— Vous voulez ma peau ou quoi !? Pourquoi Mina pleure-t-elle autant ? Allons-y, je veux comprendre !

Dans la pénombre, la pluie ne cessait de ruisseler. À cinq minutes de là, ils aperçurent Mina, agenouillée dans la boue, comme si elle avait perdu la tête. Ses vêtements étaient maculés de traces de terre mouillée. Tahar accourut, la prit dans ses bras en essayant de la relever. Quand elle reconnut son mari, ses pleurs redoublèrent. Elle enfouit aussitôt sa tête dans le creux de son épaule, laissant libre cours à son chagrin. La scène dura quelques instants qui parurent une éternité. Simon s'approcha et posa une main sur la tête de Mina. Ce geste, d'une façon étonnante, calma aussitôt la femme qui ravala ses sanglots et redressa la tête. Elle plongea son regard brumeux dans celui de Simon, et dit posément :

— Rentrons à la maison nous réchauffer. Je suis si heureuse de vous revoir. Je vais tout vous expliquer.

De retour dans la maison familiale, Mina apporta des couvertures au salon avant d'aller se changer. Tahar réalisa qu'il avait faim. Dans la cuisine il n'y avait pas un morceau de pain, ni même un fruit à offrir à ses compagnons. En attendant que son épouse revienne, il alluma plusieurs bougies et deux grandes torches suspendues au mur. Puis les hommes prirent place sur des poufs. Mina, revêtue d'un caftan terne et sans fantaisie, les rejoignit. Sans plus attendre, elle prit la parole, cherchant ses mots.

— Depuis que vous êtes partis, la cuisine est vide. Nous nous sommes nourries grâce à tous ceux qui ont bien voulu nous venir en aide. Au début, Anicha ne mangeait rien. Moi non plus d'ailleurs. Puis elle a changé de comportement du jour au lendemain. Notre Chicha, l'Hirondelle, ne m'a plus considérée, je n'existais plus à ses yeux. Quelle étrange sensation, Tahar, je t'assure. Elle venait de temps en temps se changer à la maison, puis repartait aussitôt, sans se soucier de mon état, comme si je n'étais plus sa mère ! Elle ne me regardait pas, j'étais devenue transparente. Je ne m'en remets toujours pas. Notre petite Chicha chérie, que lui est-il arrivé ? Tahar, fais quelque chose, je t'en supplie.

En prononçant cette dernière phrase, les sons s'étranglèrent dans sa gorge nouée. Tahar n'en croyait pas ses oreilles. Que répondre à sa femme alors que lui-même avait les jambes qui se dérobaient sous lui ? Ottor jugea bon d'intervenir.

— Je suis sûr que même si elle a changé du tout au tout pour une raison que nous ignorons, c'est seulement un mauvais passage. Il faut aller lui parler sans la juger. Allons la retrouver ! Elle est sûrement avec ses deux amies.

15

Une nuit de pleine lune

Sans plus attendre, le petit groupe, composé de Tahar, Mina, Simon et Ottor, partit à la recherche d'Anicha. Il leur était intolérable qu'elle erre plus longtemps dans l'oasis de nuit. La pluie avait cessé et la pleine lune émergeait à travers les derniers nuages. Ils firent appel au silence nocturne, qui leur répondit quelques minutes plus tard. Des voix aiguës se firent entendre au loin. Tahar n'eut pas une seconde d'hésitation, il s'agissait bien du rire de sa fille. Mina tressaillit à l'idée de retrouver Anicha et de pouvoir enfin la prendre dans ses bras.

Prudemment, ils avançaient à pas de velours pour ne pas effrayer le trio infernal. Mais très vite, comme si l'astre, la nuit et l'oasis tout entière s'étaient ligués contre eux, le silence envahit de nouveau les alentours. Tous s'arrêtèrent, désarmés. Mais il en fallait plus à Simon pour rebrousser chemin. Il prit la tête du cortège et continua malgré tout, dans la direction d'où provenaient les rires quelques minutes plus tôt. Les autres suivaient timidement, s'en remettant au guide. Les minutes qui passaient s'éternisaient. Tous retenaient leur souffle. Soudain, des graminées qui avaient poussé à profusion à cinq mètres d'eux jaillit un bruissement qui les fit sursauter. Tahar brandit sa torche vers le buisson. Les poitrines étaient gonflées par la peur et trahissaient un rythme cardiaque qui s'emballait. Mais au bout d'un instant, le bruit s'éloigna et l'agitation des feuillages disparut aussi vite qu'elle était survenue. Tahar et Simon conclurent qu'il s'agissait sûrement d'un sanglier réveillé à l'approche du groupe. Rien de plus. L'ambiance restait pourtant extrêmement pesante. Tahar informa Simon qu'ils approchaient de la maison du père des jumelles. Un peu plus loin, ils aperçurent de la lumière qui sortait de la petite bâtisse. On devinait les broussailles qui envahissaient la construction et le manque d'entretien apparent. Tahar fit une pause pour tenter de se calmer. Puis, entraînant les autres, il frappa à la porte. Un vieil homme ouvrit lentement. Son visage était effrayant à la lueur de la torche, qui jouait avec les ombres. Il sentait le vinaigre rance, et, par l'entrebâillement de la porte, Tahar devina le capharnaüm qui régnait à l'intérieur. Sans prendre le temps de le saluer, il demanda au père de famille :

— Dis-moi, je cherche Anicha. Il paraît qu'elle est souvent avec tes filles en ce moment. Sais-tu où elle se trouve ?

— Ah oui, ta fille ! ricana l'homme dans sa longue barbe hirsute. Bah, elle était avec les miennes toute la journée. Je ne sais pas trop ce qu'elles font. Tu ne veux pas revenir demain ? Je suis un peu fatigué, tu m'as réveillé en pleine nuit.

— Ne te fiche pas de moi, le vieux ! Ne me fais pas croire que tu dormais. Je te préviens, si ma fille est chez toi, je vais vite le savoir. Je l'ai entendue rire il y a à peine un quart d'heure !

Il poussa violemment le vieillard sur le côté et entra de force dans ce qui ressemblait à un logement abandonné. La vaisselle traînait par terre, les tissus étaient tachés, l'odeur était insoutenable. Comment Anicha aurait pu rester cinq minutes dans ce dépotoir ? Mina resta sur le perron. Ottor lui tenait le bras pour la réconforter, devinant son désarroi. Tahar arpenta les deux pièces qu'occupait cet homme que la raison avait quitté. Pas une trace de sa fille. Mais Simon, que la nature avait doté d'un œil de lynx, s'approcha à son tour et, au milieu de la pièce centrale, traînant par terre, il aperçut le carnet d'Anicha. Depuis qu'elle était allée à l'école à Marrakech, elle y inscrivait ses pensées; y était également consignée en détail la légende du scarabée bleu. Il n'en croyait pas ses yeux. Ce carnet, Anicha ne l'aurait jamais laissé négligemment par terre, pour rien au monde. La jeune fille le lui avait montré tant et tant de fois. Elle lui avait même révélé sa volonté d'en faire un jour un livre. Elle rêvait de voir l'histoire du scarabée se diffuser de maison en maison, dans les bibliothèques, les écoles, les villages, puis les grandes villes. De légende, elle se transformerait en une révélation pour les esprits en quête de vérité.

Rares étaient les moments où Simon montrait ses émotions. Mais à l'instant où il ramassa l'objet précieux, sa main trembla. Tahar perdit une fois de plus son sang-froid, attrapa le vieux par les épaules et le secoua si fort que Simon dut s'interposer, devant l'air inquiet de Mina. En état d'ébriété, l'individu avait perdu toute capacité de se défendre. On aurait dit une proie qui se faisait attaquer par un loup. Tahar le lâcha et le jeta sur ce qui avait dû ressembler, il y a longtemps, à un canapé, en lui criant:

— Tu vas me dire où est ma fille, sinon je te t…

Il allait mettre les mains à son cou, mais l'autre réussit malgré tout à prononcer un mot:

— Égypte.

— Comment ça « Égypte » ? vociféra Tahar en ôtant ses mains.

— J'ai cru entendre les filles dire, cet après-midi, qu'elles partaient pour l'Égypte.

— Ah, vaurien, tu parles maintenant! Et tu peux me dire ce qu'elles vont faire en Égypte à leur âge?

— Elles ont rencontré un homme qui veut leur montrer ce pays. Il dit que là-bas, quelque chose de magnifique les attend.

— Non, non, non, impossible! Tu délires, vieux bougre! Va au diable!

Mais Simon, lui faisant signe de se calmer, lui fit comprendre qu'il était nécessaire d'en savoir plus.

— Continue ! Et dis-moi comment tu sais ça, toi qui te laisses aller à longueur de journée, enfermé chez toi ?

— Cet après-midi, je fermais les yeux dehors, au soleil. Elles croyaient que je dormais. Elles ont préparé leurs bagages en évoquant leur prochain périple.

— Quoi ? Tu dis qu'elles ont préparé leurs bagages ? Mais le cauchemar continue ! Et toi, tu laisses des jeunes filles qui ont perdu la tête boucler leurs valises et partir avec un inconnu ? On devrait t'enfermer pour de bon !

— Tu as raison, Tahar, je suis foutu. Depuis que ma femme est morte, je ne veux plus vivre. À quoi bon être là, seul, sans elle ? Mes filles seront mieux en Égypte ou ailleurs, loin de moi. Elles ont besoin de quelqu'un qui les aide. C'est ce que je leur souhaite de tout mon cœur. Je ne suis pas un père pour elles, je suis leur boulet. Qu'elles s'en libèrent définitivement !

Il disait tout cela avec un regain de conscience inattendu. Il semblait savoir ce qu'il disait, ce qui était d'autant plus inquiétant. Anicha était donc en compagnie des deux sauvageonnes et d'un inconnu qui voulait les emmener en Égypte. Mina se mit à hurler, emportée par l'hystérie.

Vers une heure du matin, chacun cherchait en silence la meilleure façon de retrouver la fugueuse mal entourée. Pourquoi pas dans le lieu préféré d'Anicha ? se dit Simon. Avant qu'elle ne se fasse voler sa fleur, elle venait souvent admirer, du toit de sa maison, la vue plongeante sur la vallée. Cette terrasse avait toujours été, d'après elle, l'endroit idéal pour s'extraire quelques instants du monde, pour lire, respirer, se poser, à l'abri des regards. L'été dernier, elle avait été fière de révéler sa cachette à ciel ouvert à Simon. Le garçon demanda à ses amis de lui prêter attention. Il sortit son ardoise et écrivit à la lueur de la lune. Il fallait avant tout les convaincre d'aller se coucher. Plus tard, il les rejoindrait pour leur expliquer son plan. Et même si tous voulaient l'accompagner, chacun était conscient qu'il était plus sage d'aller dormir. Tahar proposa bien sûr à Ottor l'hospitalité.

Sur le chemin du retour, Simon resta en retrait. Il ne voulait pas dévoiler la cachette d'Anicha. Il attendit que Mina, Tahar et Ottor entrent dans la maison. Puis il contourna cette dernière pour accéder au toit par un contrefort en terre qui soutenait la maison. Il connaissait l'existence d'une petite échelle posée sur le côté, à peine visible, qui permettait de monter sur la terrasse. Une fois parvenu jusqu'en haut sans faire de bruit, comme il l'avait anticipé, il aperçut Anicha de dos dans la clarté de la lune. Elle était assise en tailleur, perdue dans ses pensées. Il s'approcha doucement, et pour ne pas qu'elle émette un son, il lui mit une main sur la bouche et se montra aussitôt pour la rassurer. Le reconnaissant, elle se calma. Il s'assit à ses côtés, dans la même position qu'elle pour regarder l'horizon. Ainsi espérait-il entrer en contact avec son amie comme avant. Il ne pouvait oublier ce moment où, dans le désert, ils avaient réussi à communiquer sans un mot, par un lien invisible qui s'était renforcé de jour en jour par la suite. Pendant un court instant, Simon savoura ces retrouvailles. Anicha, les cheveux détachés, était vêtue d'une robe en laine rouge très près du corps et d'un châle à peine suffisant pour supporter le froid du mois de décembre. Elle, d'habitude si majestueuse dans ses habits blancs, avait perdu de son éclat. Simon sortit une bougie de son sac en bandoulière, l'alluma et la positionna entre eux deux. Puis il prit son ardoise, comme à son habitude.

« Anicha, je suis là, tu peux compter sur moi. Je suis revenu. Parle-moi. »

Pas un son ne sortit de la bouche de son amie. Il insista :

« Que fais-tu avec ces deux filles ? Où veux-tu aller ? »

Il commençait à croire qu'il était face à un mur, quand son interlocutrice se mit à chuchoter :

— Je pars en Égypte. Demain, je prends la route pour Tanger. Je rejoins une caravane qui passe par l'oasis dans quelques heures, avant que le soleil ne se lève. Je rallierai ce pays merveilleux par la mer. Ne me retiens pas, ma décision est prise. Je moisis ici dans ce lieu reculé du monde. Marrakech est envahie par l'épidémie. Je ne peux pas retourner à mon ancienne vie. Les jumelles vont là-bas pour vivre la vie dont elles ont rêvé. Elles ont un oncle, qui a fait fortune au Caire. Il les attend dans son palais. Elles m'invitent. C'est incroyable ! C'est une grande chance !

À la lumière de la flamme qui dansait au gré de la brise légère, Simon aperçut ses pupilles dilatées. Il avait l'impression qu'elle délirait. Mais elle n'était sous l'emprise d'aucune substance, malgré les apparences. C'était bien autre chose qui la bouleversait : la perte de sa fleur. Sans elle, il le devinait, elle perdait pied et s'éloignait d'elle-même. En lui volant sa pivoine, la sorcière lui avait ôté bien plus qu'une fleur exceptionnelle, elle l'avait détournée de son chemin de vie. Il se remémora ce que le scarabée bleu lui avait dit la veille dans la montagne. Et il ne perdait pas espoir face à ce revirement de situation. Seulement, il ne savait pas comment aider son amie. Puis, soudain, une étincelle jaillit dans son esprit : rien ne servait de la raisonner. Au contraire, il allait l'aider à partir ! Sur son ardoise, il inscrivit :

« Très bien, partons en Égypte ! »

Anicha n'en crut pas ses yeux. Désarçonnée, elle ne savait que répondre. De cette façon, il ne laissait aucun choix à la jeune fille, qui ne pourrait le semer, même si elle y pensait très fort. Mais Simon ne pouvait partir pour un si lointain pays sans prévenir les parents d'Anicha de son plan. Dans leur désarroi, ils seraient sûrement un peu rassurés de savoir leur fille aux côtés d'un guide fidèle en toutes circonstances. Il leur avait déjà prouvé à maintes reprises qu'il était digne de confiance.

Le temps était compté. Il réfléchit très vite, il ne fallait rien oublier dans la précipitation. Anicha avait préparé toutes ses affaires la veille, et les avait confiées à ses deux complices, qui étaient sûrement en train de se reposer une heure ou deux dans une de leurs nombreuses cachettes, avant le long voyage. Simon conseilla à Anicha d'en faire autant. Il lui dit de rester sur le toit et de s'allonger, qu'il surveillerait l'heure, elle pouvait compter sur lui. La jeune fille, rattrapée par l'épuisement, ferma les yeux et s'assoupit en un instant. Aussitôt, Simon prit un papier et donna toutes les explications nécessaires à Mina et Tahar pour ne pas qu'ils s'inquiètent. Il les informait que le meilleur choix était d'accompagner Anicha, d'aller dans son sens, et il promit de la ramener saine et sauve, même de si loin.

Au fond de lui, il savait que, tôt ou tard, il aurait été amené à partir en Égypte. En présence d'Ottor quelques jours plus tôt, il s'en était fallu de peu qu'il ne mette le cap dans cette direction. Au fond, c'était écrit : l'Égypte était la prochaine destination. Il était impatient de savoir pourquoi exactement. Il avait, depuis son plus jeune âge, rêvé de s'y rendre, jusqu'à étudier le plus court trajet pour atteindre Le Caire. Il avait compté pas moins d'un mois, à partir de Tanger, par la mer, pour y arriver. Ce qui ne paraissait à l'époque qu'une idée vague dans sa tête allait se concrétiser dans quelques heures. Bizarrement, il se réjouissait de cette perspective, malgré les circonstances particulières qui l'amenaient à cette décision.

Il glissa la lettre sous la porte d'entrée de Mina et Tahar. Dans son mot, il n'oublia pas de saluer Ottor, qu'il espérait croiser de nouveau sur les routes surprenantes de la vie. Il remonta sur le toit-terrasse, observa avec tendresse Anicha endormie. La lune était à son zénith. Toute la vallée dormait. Sauf Simon, qui veillait.

16

La blessure de Simon

Deux ou trois heures s'étaient écoulées paisiblement. Les oiseaux matinaux commençaient à piailler dans la nuit froide pour annoncer l'aube. Simon entendit des murmures au loin. Il se doutait qu'il s'agissait de la fameuse caravane. Il réveilla Anicha délicatement. Il était temps de partir et de dire au revoir à la vallée, que désormais elle reniait. Il ne fallut pas plus de deux minutes à la jeune fille pour émerger, impatiente de s'évader et de répondre à l'appel d'un nouveau périple.

Une fois en bas, ils se dirigèrent vers les sons qui parvenaient jusqu'à eux. À la lisière de l'oasis, une soixantaine de chameaux, quelques ânes et des mulets étaient alignés. À leurs côtés, autant d'hommes que de femmes avec des enfants en bas âge, la plupart endormis sur le dos de leur mère, enveloppés dans un tissu noué sur le devant. Anicha chercha rapidement ses deux amies. Elle les aperçut aussitôt en train de discuter avec un homme chauve qui portait un anneau en or à l'oreille. Quand elles virent leur amie, elles lui demandèrent qui était celui qui l'accompagnait. Elle leur répondit, d'un air dédaigneux et évasif :

— C'est Simon, un guide qui m'avait accompagnée à Marrakech. Il tient à venir avec nous. Il est muet. Il ne nous dérangera pas.

S'il avait été doué de la parole, Simon n'aurait pu dire un mot tant il était abasourdi par ces propos méprisants. Il ravala sa douleur, résigné.

L'une des jumelles, qui s'appelait Falma, ricana bêtement. Visiblement, seul le regard de l'homme chauve porté sur elle lui importait.

Simon pensa qu'il serait plus prudent d'en savoir un peu plus sur cette caravane particulièrement longue. Il s'éloigna des filles, marcha quelques mètres. Le jour se levait et annonçait un ciel bleu clair, contrastant avec l'affreux temps de la veille. Discrètement, le guide sortit son ardoise pour inscrire à la craie :

« Bonjour. Enchanté. Je suis Simon. Je suis muet. Je rejoins votre convoi. Pouvez-vous me dire qui sont tous ces gens qui font partie du voyage et d'où ils viennent ? Pourquoi vont-ils à Tanger ? »

Un père de famille chargeait un chameau et aidait sa femme à se mettre à califourchon, avec son nourrisson, sur son dos. Simon se dirigea vers lui, attendit qu'il soit disponible. S'assurant que la femme et l'enfant étaient confortablement assis, il tendit son ardoise à l'homme. Ce dernier marqua un temps d'arrêt, lut rapidement et sourit aussitôt à Simon. Il s'empressa de lui répondre :

— Mon ami, bienvenue alors ! Je m'appelle Jay. Nous venons pour la plupart de Marrakech. Ne sais-tu pas que la ville est envahie par une terrible épidémie ? De Tanger, certains prendront un bateau pour l'Europe ou d'autres pays où ils seront sûrs d'être sains et saufs. Peu importe, l'essentiel est de quitter le Maroc avant de tomber malade. En ce qui nous concerne, nous traverserons le détroit de Gibraltar, direction l'Espagne !

Simon était inquiet pour les habitants de l'oasis. Il écrivit de plus belle :

« Croyez-vous que cette oasis peut être gagnée par l'épidémie ? Car la plupart des habitants vont rester ici. Ils se sentent à l'abri dans cette vallée. Sont-ils en danger d'après vous ? Ce sont mes amis. »

— Ne t'en fais pas, il y a peu de chance pour que l'oasis soit contaminée. Mais, nous autres, nous sommes de la ville et nous aspirons à rejoindre une autre grande ville. Sans cela, qui sait, nous nous serions peut-être installés dans cette si belle vallée. Je t'en prie, tu peux me tutoyer. Nous allons faire un bout de chemin ensemble. Et toi, où veux-tu aller depuis Tanger ?

À cette heure, la quête de Simon n'était pas aussi limpide que celle de cet homme. Il ne savait pas trop quoi répondre. Il improvisa.

« Je suis guide. Je vais là où l'on a besoin de moi. Une jeune femme est du voyage et est attendue en Égypte. Ses parents m'ont demandé de veiller sur elle. »

Il observa la réaction de son interlocuteur, qui ne réagit que par un hochement de tête solennel et respectueux, avant de le saluer. Il en déduisit que son discours tenait la route. Il n'hésiterait pas à le ressortir si besoin. Il marcha un peu plus loin, en longeant la ligne créée par les animaux sagement positionnés, et prit le temps de scruter les visages des uns et des autres. La fuite face à la menace de la maladie, mêlée au parfum de l'aventure, donnait une tonalité inédite à ce départ. Soudain, la voix d'un homme invita au rassemblement. Il s'agissait de l'homme à la boucle d'oreille. Dénommé Hector, il en imposait par son allure fière. Son teint mat et ses yeux bleu marine ne donnaient aucun indice sur ses origines. Sûr de lui, il semblait connaître le désert comme sa poche. Quant à sa voix, elle portait comme celle d'un chanteur d'opéra, ce qui lui conférait une autorité naturelle. Il avait rencontré Falma et Liame quelques semaines plus tôt, lors d'un de ses passages rapides dans la région. Ayant sympathisé avec ces jeunes femmes qui paraissaient majeures, il leur avait confié son prochain passage dans la région avec une caravane qui partait pour Tanger. De là, il leur avait avoué vouloir se rendre en Égypte, un pays où tout semblait possible pour se réaliser. Les jumelles avaient naïvement bu ses paroles. Depuis lors, elles n'avaient vécu qu'avec l'idée de le retrouver et de partir avec lui.

Le départ était imminent. Anicha reconnut un couple de son village qui arrivait en courant. Ils étaient apparemment du voyage. En voyant celle que l'on appelait souvent l'Hirondelle, ils marquèrent un temps d'arrêt. Tout et son contraire se disait sur Anicha qui, à seize ans, avait quitté ses parents pour la grande Cité, était revenue adulée, avant de se transformer, sans raison apparente, en fille délurée et inconsistante. Ils passèrent devant elle en faisant mine de ne pas la reconnaître. Mais la jeune fille n'avait que faire de ce que l'on pensait d'elle. Elle n'avait désormais qu'une idée en tête : profiter de la vie en s'amusant. Le reste n'avait plus aucun intérêt.

Chacun avait rejoint sa bête et était en place pour avancer droit devant. Simon s'était glissé entre deux chameaux, loin derrière Anicha et ses deux amies. D'où il était positionné, il pouvait la voir sans l'importuner.

Le mouvement général était impressionnant. On n'entendait que le pas des animaux foulant le sable encore froid. Vue du ciel, la caravane était comme un serpent géant qui glissait entre les gorges plus ou moins profondes de la vallée, pour rejoindre le nord du pays.

Quand les habitants de l'oasis se réveillèrent une heure plus tard, la caravane était déjà loin. Malgré sa longueur, elle avançait vite, sous l'impulsion donnée par le chauve à la boucle d'oreille.

Tahar fut le premier à ouvrir les yeux, vers huit heures. Les muscles engourdis, il mit du temps à émerger de sa courte nuit. Quand il regarda autour de lui, il se remémora aussitôt la pesanteur de la veille. Mina dormait à ses côtés et, malgré le sommeil, son visage restait tiré et sa ride du lion était plus prononcée que jamais. Il se leva, alla dans la pièce principale, vit Ottor qui ronflait sur le canapé. Mais il fut surtout attiré par un papier glissé sous la porte d'entrée. Il se précipita pour le ramasser. Pour lui, pas de doute, Chicha leur écrivait tout ce qu'elle avait sur le cœur. Mais quand il déplia la lettre, il reconnut l'écriture de Simon. Chaque phrase était comme un couteau qu'il recevait en plein cœur. Malgré la diplomatie déployée par le guide, le message restait le même : Anicha était partie pour l'Égypte. Et aux yeux d'un père, il s'agissait d'une sacrée folie, qu'il redoutait déjà d'annoncer à Mina. Sa seule consolation était de savoir Simon auprès d'elle. Il n'avait pas entendu Mina s'approcher. Elle le rejoignit et l'enlaça. Voyant son mari lire une lettre, le dos voûté, elle avait deviné, grâce au lien qui unit à jamais une mère à sa fille : son enfant était repartie au loin. Mais elle avait tellement pleuré la veille que ses yeux, contrairement à ceux de son mari, restaient secs. Renforcée par quelques heures de sommeil, elle se dit que si Tahar s'écroulait, elle espérait être assez forte pour le relever et ne pas sombrer. Elle avait peut-être passé une bonne partie de sa vie dans sa cuisine, mais quand il avait fallu soutenir Chicha qui voulait aller étudier à Marrakech, c'est elle qui l'avait aidée. Il est vrai qu'Anicha partait pour une raison inconnue en Égypte, qu'elle avait depuis peu de drôles de fréquentations, qu'on était en plein hiver et que son voyage allait être rude. Mais Simon l'accompagnait. Et puis elle avait montré qu'elle pouvait être téméraire dans la grande Cité, du haut de ses seize ans. Et Mina en était persuadée : de nombreux signes montraient qu'elle était protégée, quoi qu'elle fasse. Alors elle en conclut qu'il ne s'agissait pour sa fille que d'une mauvaise passe qui aurait une fin. Car Mina croyait aux cycles. Elle disait souvent dans les conversations : après l'hiver vient le printemps. Et ce matin-là, elle était bien résolue à attendre patiemment le retour de la saison fleurie.

Ottor rejoignit le couple, et fut mis au courant de la lettre. Il sentit que, pour lui, le moment était venu de reprendre la route. Ces derniers jours allaient nourrir son roman en cours. Mais

Tahar insista pour qu'il reste encore une journée, histoire de partager un moment ensemble, après ce qu'ils avaient traversé. D'autant plus qu'une idée avait germé dans sa tête : il voulait demander à Ottor de retourner en Égypte pour veiller sur sa fille, en plus de Simon. Ottor lui avait confié la veille à quel point il appréciait sa famille et, ô combien il aimerait aider Anicha. Tahar avait donc bien l'intention de le prendre au mot. Aujourd'hui, il allait lui parler en détail de sa fille bien-aimée, de ses premiers jours jusqu'à sa vie à Marrakech, du moins au travers de ce que Chicha lui en avait conté à son retour. Il était persuadé qu'il y avait là matière pour un roman à succès, basé sur des faits réels, qui honorerait la vie de sa fille et permettrait de dévoiler toute l'ignominie de sa sœur, la sorcière. Ottor allait ainsi pouvoir reprendre son idée de roman basé sur le scarabée bleu au pays des pharaons, mais cette fois enrichi de l'expérience d'Anicha.

Deux jours plus tôt, dans les montagnes, quand il avait été question d'aller en Égypte, l'écrivain s'était offusqué. Mais cette fois, comme Tahar s'en doutait, Ottor accueillit l'idée d'une manière bien différente. Ainsi, il acquiesça à l'idée de reprendre la route le lendemain matin, solitaire, comme à l'accoutumée. Il avait un jour de retard sur la caravane, mais il espérait la rattraper avant Tanger.

De son côté, la caravane avançait à un rythme régulier à travers les paysages contrastés du Maroc, en direction du nord. La plupart des voyageurs n'étaient jamais sortis de Marrakech et découvraient l'arrière-pays pour la première fois de leur vie. Après la vallée du Dadès, ils furent plongés dans une mer de sable infinie. Le soir, un campement composé de grandes tentes blanches en poil de chameau abritait les familles. Les veillées permettaient à chacun de faire connaissance. Des affinités se créaient, et souvent, sous la Voie lactée et les étoiles filantes, Anicha et ses deux amies faisaient la fête jusqu'à deux ou trois heures du matin avec les oiseaux de nuit. Elles fumaient et dansaient, sous le regard épuisé et désespéré de Simon. Elles avaient trouvé des compagnons, et parmi eux le guide, Hector, ravi d'avoir de la compagnie féminine un peu délurée. Tous étaient persuadés d'être en présence de filles plus âgées. Anicha, depuis qu'elle se maquillait et avait changé d'apparence, avait gommé ses allures les plus juvéniles pour qu'on l'accepte. Au petit matin, les trois filles étaient dans l'impossibilité de se réveiller. Il fallait alors les hisser sur le dos des bêtes, les positionner correctement pour ne pas qu'elles tombent. Elles dormaient ainsi une bonne partie de la journée, émergeant seulement à la nuit venue. Les autres voyageurs chuchotaient à leur sujet, les accablant de reproches et de jugements…

Simon espérait un miracle pour que la situation redevienne normale. « Pourvu que le scarabée bleu se montre, ou le serpent Naj », se disait-il. Mais rien à l'horizon qui puisse laisser penser qu'une aide animale pouvait surgir. Enfin, comme prévu, la caravane arriva dans le Rif. Tous furent soulagés d'être épargnés et de voir la verdure jaillir enfin sur de grandes plaines vertes parsemées d'oliviers. Il faisait humide, mais la température était douce. Quelques chèvres avaient grimpé dans des arganiers. Bientôt, au loin, Tanger montrerait son minaret. Les voyageurs faisaient une halte pour que les bêtes se désaltèrent. Simon était à terre et curait les sabots de son chameau. Les enfants couraient dans les allées et jouaient à cache-cache entre les bêtes. Soudain, l'harmonie du moment fut brisée par un cri strident. Chaque voyageur, sans connaître la raison de ce hurlement, comprit qu'il s'agissait de ce que tous redoutaient : la piqûre ou la morsure mortelle d'un animal. Les femmes, instinctivement, se remirent en selle avec leur enfant sous le bras. Hector ordonna le silence, tout en courant à la recherche de la personne blessée. Le père de famille, Jay, qui avait parlé à Simon le premier jour, le héla. Simon était à deux pas de lui, gisant à terre. Il ne bougeait plus. En entendant son cri, Anicha, loin devant, eut comme un flash. Des images lui revinrent en mémoire : elle aux côtés de

Simon dans les ruelles de Marrakech, sa présence à son spectacle d'école. Il était au premier rang, elle entendait les bravos qu'il lui adressait. Elle se rappelait, dans le désert, la façon dont il avait parlé à Naj, le serpent. Tout s'accélérait dans son esprit, les souvenirs s'enchaînaient à un rythme effréné. Elle en éprouva un mal de tête violent. Falma et Liame lui demandèrent ce qu'elle avait. Trop tard, Anicha ne répondait plus. Elle était, sans en avoir conscience, tiraillée entre ses multiples identités. Ses yeux se fermèrent. Elle s'écroula sur le sol. Il n'y avait désormais pas seulement une personne à secourir, mais deux. Hector demanda s'il y avait des médecins parmi les voyageurs. Un homme se présenta. Petit, maigre et sans expression, il n'avait pas l'apparence d'un scientifique. Mais le guide n'avait pas le choix. Il lui indiqua Simon en premier. Anicha, de son côté, était déjà entourée de trois femmes qui lui tapotaient les tempes avec un linge mouillé.

Le docteur inspecta le rouquin. Et, sans hésiter, annonça :

— Cet homme s'est fait piquer par un scorpion. Je suis formel. Le trou dans la peau est très net.

Il avala tout l'air qu'il pouvait avant d'approcher sa bouche de la plaie. Sans hésiter une seconde, il aspira le venin et le recracha plus loin. De sa ceinture, il détacha une petite fiole accrochée à côté de plusieurs autres. Il versa une goutte dans la gorge de Simon et le reste sur sa jambe. Une fumée sortit de la blessure, ce qui fit gémir le guide. Mais après ce réveil provoqué par la douleur intense, il retomba dans une sorte de coma. Le médecin prit Hector à part :

— La piqûre est grave. Elle est plus profonde que ce que j'ai pu observer jusqu'ici dans le désert. Mais je ne peux pas me prononcer sur l'espèce exacte du scorpion. Nous devons arriver à Tanger au plus vite pour soigner ce jeune homme dans un hôpital. Sinon, je crains fort qu'il ne succombe à la piqûre. La couleur bleutée qui se répand dans sa jambe ne laisse rien présager de bon. J'ai aspiré le venin en partie, mais il en reste dans son corps. Si on ne lui donne pas un antidote, sa jambe va gonfler et le poison va remonter jusqu'au cœur. Il n'y aura alors plus rien à faire.

— Nous arriverons dans une heure ou deux tout au plus, renchérit Hector.

— Mettez-le sur ce mulet, bien assis. Je vais m'asseoir derrière lui pour le tenir.

À deux pas de là, Anicha revenait lentement à elle. Mais elle semblait avoir perdu l'esprit. Les jumelles avaient beau lui parler, elle était ailleurs, silencieuse et passive.

Hector reprit la tête du cortège et ordonna aux voyageurs d'accélérer le pas. La marche fut remplacée par un trot énergique. Tout le monde, pour des raisons diverses, avait hâte d'apercevoir la ville balnéaire.

17

Tanger

Au bout d'une heure, Tanger apparut aux yeux émerveillés des voyageurs éreintés. Les derniers kilomètres entre le Rif et la grande ville s'étaient révélés être un calvaire après la mésaventure de Simon. Hector les mena jusqu'aux abords du port. Certains n'avaient qu'une idée en tête, rejoindre la côte espagnole et fouler le sol de l'Europe. D'autres allaient en profiter pour découvrir les richesses de cette cité portuaire, qui donnait à la fois sur la Méditerranée et l'océan Atlantique. Connue pour attirer les explorateurs du monde entier, la ville était aussi célébrée par des poètes, des artistes et des personnes fortunées qui y avaient trouvé un refuge idéal. Mais pour Hector, l'heure n'était pas propice à faire du tourisme. Son travail n'était pas fini. Un homme était en danger de mort et sa priorité était de le sauver. Quant à Anicha, elle allait mieux, d'après ses deux amies. Il demanda aux trois filles de l'attendre au port, près d'un grand bateau dénommé *L'Angélique*. Il salua rapidement les uns et les autres en leur souhaitant une bonne continuation, avant d'accourir vers le médecin. Simon était toujours inconscient. Jay, qui s'était lié d'amitié avec lui, tenait à offrir son aide, quitte à retarder la suite de son voyage avec sa famille. Il avait découvert en Simon un homme surprenant à bien des égards. Ils avaient longuement échangé pendant ces longs jours de marche depuis l'oasis. Et ce que Simon dégageait l'avait séduit. Il demanda au guide où sa femme pourrait l'attendre. Le chauve, qui, au fil des jours, se montrait de plus en plus sympathique vis-à-vis de Jay, indiqua une maison blanche aux volets bleus, située à deux pas, qui donnait sur l'océan, puis fit rapidement les présentations entre le propriétaire de la charmante bâtisse et la femme de Jay. Une fois rassuré pour les siens, Jay fit signe à Hector et au médecin qu'il était prêt à partir. Le médecin d'un côté, Jay de l'autre, ils tenaient Simon, installé sur le chameau. Hector, placé devant, dirigeait. Ils prirent la direction de la Kasbah, une ancienne forteresse majestueuse au cœur de la vieille ville, dans laquelle était installé l'hôpital.

Après avoir traversé un grand bazar animé, ils arrivèrent enfin au seuil d'un institut à l'apparence moderne. Une femme vêtue de blanc leur ouvrit une grande porte en bois peinte en bleu Majorelle. L'infirmière comprit très vite la situation et appela deux hommes, qui vinrent aussitôt avec un brancard. Simon y fut allongé, sous le regard soucieux de ses compagnons. À l'intérieur, un patio aux murs blancs, avec, au centre, des dizaines de cactus, apaisait les esprits tourmentés par la maladie. Autour, une trentaine de chambres donnaient sur la cour centrale. La chambre 2, libre, était prête pour le nouveau patient. Le médecin en chef se présenta, interrogea rapidement le groupe et leur demanda d'attendre dehors, pendant qu'il auscultait Simon.

Exténués, les voyageurs s'exécutèrent, à la recherche d'un banc dans le patio pour patienter. Très vite, Jay commença à somnoler et sa tête lourde tomba sur l'épaule d'Hector. Il se ressaisit en entendant la voix du médecin en chef. Ce dernier arrivait d'un pas vigoureux.

— Messieurs, je n'irai pas par quatre chemins. Ce jeune homme est dans le coma. Je lui ai administré un médicament puissant contre les morsures et les piqûres les plus sévères.

Mais j'avoue que le type de plaie à sa jambe m'est inconnu. Je dirais effectivement qu'il s'agit d'un scorpion, mais la blessure est très profonde. Seul un dard très gros peut aller aussi loin dans la chair d'un homme. Je dois le garder quelque temps pour lui injecter le médicament chaque jour. S'il s'en sort, il ne reprendra pas conscience avant deux semaines minimum.

— Deux semaines ! Mais c'est une éternité ! s'écria Jay.

— Vous considérez peut-être cela comme une éternité, mais si votre ami meurt, c'est là qu'il connaîtra l'éternité ! Pour l'instant, il est en vie. Quinze jours, ce n'est rien s'il se réveille, croyez-moi.

Jay n'osa plus rien dire. Hector, amicalement, lui posa une main sur l'épaule, avant de rajouter :

— Docteur, merci de vous occuper de Simon.

Puis il se tourna vers Jay.

— De mon côté, je dois poursuivre mon voyage, cette fois en bateau. J'accompagne en Égypte les trois filles qui faisaient partie de la caravane. Je ne peux rester plus longtemps à Tanger. Un voilier part demain. Si je ne prends pas celui-là, je devrai attendre le prochain pendant des semaines.

Ce qu'il ne disait pas, c'est qu'il était tombé amoureux de Falma, l'une des sœurs jumelles. Ensemble, pendant les nuits de veille, ils s'étaient fait mille promesses en se dévoilant leurs sentiments.

— Ne t'en fais pas, Hector. Tu as déjà fait beaucoup. Ma famille et moi avons quitté Marrakech pour fuir l'épidémie, sans savoir vraiment où nous allions poser nos bagages. Tanger semble épargnée par la maladie. Je pense que nous pourrons nous installer ici quelque temps. Pour le peu que j'ai vu, cette ville me plaît. Ainsi, je pourrai venir voir Simon tous les jours et suivre l'évolution de son état.

De son côté, le médecin ajouta :

— En ce qui me concerne, je suis attendu en Espagne. Si vous pouvez rester, Jay, alors rien ne me retient ici plus longtemps.

— Vous avez été très utile, cher médecin, répondit Jay avec sincérité. Votre présence dans la caravane a été une bénédiction. Merci et bonne route à vous !

Le médecin, qui avait fait le strict minimum et n'avait pas manifesté plus de sympathie que cela à l'égard de Simon, Jay et Hector, partit aussitôt, soulagé de pouvoir enfin vaquer à ses occupations.

Seuls à présent, Jay et Hector conclurent qu'il ne servait à rien de rester à l'hôpital pour l'instant. Jay jugea qu'il était temps de rejoindre sa famille. Hector l'accompagna jusqu'à la maison blanche, où il retrouva sa femme et son petit, attablés avec leur hôte autour d'un poisson au gros sel et d'une tarte au citron. Quand Jay annonça qu'il souhaitait rester à Tanger, sa femme accepta sans hésiter. La prochaine étape était de trouver sans plus tarder un endroit où se loger durablement. Puis Hector les salua avant de rejoindre le grand port. En chemin, passant devant les jardins à flanc de colline, il aperçut un immense bateau en bois. Les voiles étaient hissées. Les mouettes tournaient autour des mâts, et la grisaille du ciel donnait à ce tableau un caractère mélancolique.

L'Angélique préparait son prochain départ. Destination l'Égypte. L'inconnu, les pyramides, le Nil, et surtout les retrouvailles avec la très jeune Falma occupaient maintenant toutes les pensées d'Hector.

Il retrouva son chameau là où il l'avait laissé, le vendit facilement, récupéra ses bagages et se dirigea d'un pas cadencé vers la goélette.

Les trois filles étaient là, assises sur leurs sacs, bâillant à s'en décrocher la mâchoire.

Anicha était épuisée, mais en possession de ses moyens. Hector voulut s'assurer qu'elle allait bien.

— Comment te sens-tu après ton évanouissement ?

— Bien, merci, Hector. J'ai sûrement du sommeil à rattraper. On a quand même fait beaucoup la fête…

— Oui, tu vas pouvoir te reposer pendant la traversée. Nous partons demain matin !

Falma, n'y tenant plus devant cet homme qui prenait tout en charge, se jeta dans ses bras et l'embrassa à pleine bouche. Il ne s'y attendait pas du tout, si bien qu'il perdit l'équilibre, ce qui fit ricaner les filles.

Quant à Anicha, elle ne prit aucune nouvelle de Simon. Il avait apparemment totalement disparu de ses pensées. Mais Liame s'inquiétait pour lui.

— Et ce rouquin, Simon, comment va-t-il ? Anicha, tu es quand même venue avec lui le premier jour. Tu n'as pas l'air de t'en souvenir ?

— Si, vaguement. Mais il a tendance à me faire la morale et à me prendre pour une gamine. J'ai préféré prendre mes distances. Si je l'avais écouté, on ne se serait jamais autant amusées ! répondit-elle d'un air désinvolte.

Hector crut bon de rajouter :

— Je viens de l'emmener à l'hôpital. Il est dans le coma et le médecin dit qu'il restera dans cet état préoccupant au moins pendant quinze jours. Mais son sort n'est pas encore scellé. Il suit un traitement de cheval. Il t'a peut-être fait la morale, mais son ami, Jay, m'a dit beaucoup de bien de lui. Tu devrais peut-être revoir ta notion de l'amitié…

C'était la première fois qu'Hector parlait d'un ton si sec à Anicha. De toute évidence, il n'avait pas d'atomes crochus avec elle. De tout le voyage, on ne les avait que très peu vus converser ensemble. Il devait se douter qu'Anicha était un peu plus jeune que les jumelles. D'un naturel aventurier mais prudent, il se méfiait de cette jeune fille à charge, qui apparaissait instable, alors qu'il avait justement choisi cette vie de guide sans attache pour la liberté, des filles dans chaque port et les rencontres sans lendemain.

Anicha ne releva pas la pique. Falma préféra changer de sujet.

— Alors, cette *Angélique* sera notre bateau ! Il est magnifique ! Il est tellement grand !

— Oui, c'est rare d'avoir la chance de naviguer sur un quatre-mâts. Regarde, il a une dizaine de voiles au moins, précisa Hector sur un ton passionné. C'est la première fois que je monte sur un bateau aussi long !

— Combien de temps va durer la traversée, à ton avis ? enchaîna Falma.

— Compte un bon mois. Dans ce genre de voyage, on sait quand on part, on ne sait jamais quand on arrive ! renchérit Hector.

— C'est incroyable. Et si j'ai le mal de mer ? demanda soudain Liame.

— Il fallait te poser cette question avant ! Mais tout va bien se passer, répondit le guide. Maintenant, nous allons essayer de nous restaurer et de nous occuper avant le grand départ. Nous ne devons pas nous éloigner. Les voyageurs vont arriver petit à petit et s'installer sur l'embarcadère. Les premiers arrivés seront les mieux servis en termes de chambres. Si nous bougeons, nous pourrions perdre notre place et nous retrouver à dormir sur le pont du bateau. Un mois ainsi pourrait être très long à vivre, aux côtés d'inconnus peu scrupuleux, croyez-moi !

Les heures qui suivirent se passèrent paisiblement à l'ombre de *L'Angélique*. Les filles se relayaient pour aller manger et faire un brin de toilette dans la maison de l'ami d'Hector. Et effectivement, comme l'avait prédit ce dernier, les passagers arrivaient par dizaines, d'heure en heure. Une galerie de portraits prenait place, un festival de couleurs avait lieu sous les yeux écarquillés des jumelles, impatientes d'embarquer. Tanger semblait avoir donné rendez-vous à de nombreuses tribus venues de toutes parts. Fuyant la maladie, ils espéraient trouver dans des pays éloignés la sécurité ainsi qu'une vie meilleure pour eux et leur progéniture. Anicha les regardait défiler d'un air amusé, se pousser pour se frayer une place, vociférer. Au premier rang, elle observait ces nombreux inconnus avec un certain dédain et la satisfaction d'être la première arrivée. Hector l'ignorait, excédé par son égoïsme et ses manières hautaines. Il en toucha deux mots à Falma, qui lui raconta ce qu'on disait sur cette petite Chicha, partie à Marrakech et revenue à l'oasis avec les honneurs. Il n'en croyait pas ses oreilles. Comment cette fille qui avait récemment traversé le désert, pour suivre des cours dans une école reconnue, pouvait être si désagréable. Quelque chose clochait dans cette histoire et dans son comportement. Il n'aurait su dire quoi, mais il éprouvait une sorte de malaise à ses côtés.

Enfin, le moment tant attendu arriva. Les hommes de l'équipage défirent les nœuds des cordes qui barraient l'accès au pont, et se positionnèrent de façon à accueillir les passagers en même temps qu'ils les comptaient. Une fois atteint le nombre de cent soixante-dix, ils crièrent : « Plus personne n'est autorisé à monter à bord ! » Des mères de famille restées sur le ponton hurlaient, suppliaient qu'on les accepte avec leurs enfants, d'autres insultaient l'équipage à l'instar de dizaines de migrants arrivés trop tard. Une femme au milieu de la foule s'évanouit. À deux doigts d'être piétinée, elle fut hissée au-dessus des têtes jusqu'à être mise hors de danger. Les hommes se bousculaient et une rixe s'ensuivit.

L'équipage, imperturbable et sans pitié, restait ferme, ne prêtant aucune attention à l'agitation qui régnait sur le quai. Pendant ce temps, Hector et les trois filles s'engouffrèrent dans le ventre du bateau, à la recherche d'une chambre confortable. Quand le capitaine, qui faisait le tour du propriétaire pour s'assurer que les voyageurs étaient bien installés, vit Liame et Anicha dans une chambre, Hector et Falma dans une autre, il jugea bon d'intervenir. Il eut l'impression d'avoir ses propres filles sous les yeux, si jeunes et si inconscientes. En s'adressant à Hector, il dit :

— Monsieur, les hommes célibataires de votre âge sont invités à s'installer à l'autre bout du bateau. J'ai besoin de jeunes gens comme vous pour venir en renfort de mon équipage. Quant à vous, chères demoiselles, vous prendrez une chambre à trois. Vous serez certes un peu serrées, mais je pense que vous serez d'avis qu'il est plus raisonnable de laisser une chambre à une famille, n'est-ce pas ?

Les filles trouvaient ce capitaine bien paternaliste et vieux jeu. Pour qui se prenait-il ? Falma fit la moue, elle qui se réjouissait de dormir avec Hector. De son côté, Anicha restait impassible. Toute situation continuait à la laisser de marbre.

Hector ne broncha pas. L'idée de faire partie à un moment donné de l'équipage pour la manœuvre ne lui était pas désagréable. Même si, pour la première fois de sa vie, ce qu'il éprouvait ressemblait à de l'amour, il ne voulait pas se l'avouer, et, très vite, il se dit : « Des filles, j'en ai connu et j'en connaîtrai encore ! »

Anicha rejoignit les jumelles sur le pont. Toutes les trois avaient besoin de respirer l'air pur et frais. Elle regarda le paysage environnant, qui s'étendait sur la colline. Toutes ces maisons d'un blanc immaculé donnant sur la mer, ces grandes plages sablonneuses et désertes à cette époque de l'année n'avaient rien à voir avec la grande Cité qu'elle avait connue. Elle était perdue dans ses pensées, quand elle sentit une main se poser délicatement sur son épaule. Elle se retourna, pensant voir une de ses amies ou Hector. Mais, au lieu de cela, elle fit face à un inconnu, qui n'était autre qu'Ottor, l'écrivain. Surprise, elle demanda :

— Pardon, on se connaît ?

Ottor réalisa alors qu'Anicha n'avait fait sa connaissance que toute petite, et que, bien sûr, elle ne pouvait pas se souvenir de lui. Lui n'avait eu aucun mal à la reconnaître puisqu'il avait vu son autoportrait dans la maison des parents d'Anicha. Perplexe, il répondit maladroitement :

— Je suis un ami de vos parents. Je vous ai connue toute petite. Je suis celui qui vous a remis votre premier livre. Vous en souvenez-vous ?

Anicha fit non de la tête. Ottor comprit qu'il ne fallait pas insister. Elle était fermée à toute conversation. Mis au courant de son état, il la protégerait, de loin, comme avait tenté de le faire Simon.

En début d'après-midi, le bateau largua les amarres et quitta les terres marocaines. Simon n'était plus en état de prendre soin de sa protégée. Ottor allait maintenant prendre le relais.

18

Selek

En fin de journée, Jay reprit la direction de l'hôpital, pour tenir compagnie à Simon. Une petite pluie fine venant de l'océan tombait sur Tanger. Il s'installa à son chevet, et commença à lui parler. Mais comme son interlocuteur, plongé dans le coma, ne lui répondait pas, Jay chercha à occuper son esprit. Il saisit un livre qu'il trouva dans les affaires de Simon. Il le feuilleta, un peu gêné de découvrir qu'il s'agissait peut-être d'un journal intime. Mais il décida malgré tout de le lire à voix haute à son jeune ami, espérant qu'il entende, malgré son état, le récit qu'il devait de toute évidence apprécier. Il y était question de la légende d'un insecte pas comme les autres, un scarabée bleu, qui apparaissait aux yeux de certaines personnes pour leur révéler des vérités sur la vie. Le livre était illustré de dessins où apparaissaient un perroquet dénommé Colet', un papillon qui répondait au nom d'Akam, un serpent et une pivoine étrange. Jay, un peu dubitatif au début de sa lecture, n'avait d'autre choix que de persévérer pour s'occuper. Mais, au fil des pages, il se mit à trouver un intérêt à ce qui ressemblait à un conte. Il relut plusieurs fois un passage qui attira particulièrement son attention.

« Le petit peuple, comme il se nomme, n'est pas si petit malgré les apparences. Il est présent dans le monde entier. Composé exclusivement d'animaux, il a un fonctionnement bien particulier. Il est dirigé par le scarabée bleu, qui confère de puissants pouvoirs aux insectes. Ces pouvoirs vont ensuite décroissant en fonction de la taille des animaux. Papillons, libellules, coccinelles, mais aussi fennecs, serpents, oiseaux ont chacun un être humain à aider : une petite fille qui doit retrouver la joie après la mort de sa maman (Leï), une femme qui a perdu l'usage de ses jambes (Dasine), etc.

Une femme balafrée a découvert que le scarabée bleu n'est pas une légende, mais bien une réalité. Elle est arrivée, on ne sait comment, à attraper des insectes du petit peuple. Elle en fait le commerce sur la grande place de Marrakech. Et les vend à un prix élevé à des personnes désespérées. Parmi les insectes qu'elle garde prisonniers, il y en a un qui n'appartient pas au petit peuple. Il est redoutable. Qui s'en approche et reçoit son venin risque la mort. Il s'agit d'un scorpion plus grand que la moyenne, appelé Selek. On reconnaît sa piqûre grâce à un signe bien particulier : un point rouge indique où le dard s'est enfoncé. Autour, si trois cercles blancs légèrement espacés apparaissent, il n'y a pas de doute. Il s'agit bien d'une piqûre de Selek. La sorcière s'en est fait un allié. »

Jay marqua une pause tout en regardant le visage de Simon. Ce dernier clignait des yeux, comme pour dire qu'il comprenait ce qu'il entendait. Jay approcha sa bouche de l'oreille de Simon.

— Simon, c'est moi, Jay. As-tu entendu ce passage ? Je dois regarder ta plaie. Et savoir à quoi elle ressemble. La description de ce journal est sûrement une fabulation, mais je veux en avoir le cœur net. Ne bouge pas, je vais soulever doucement le pansement sur ta jambe.

Jay n'attendit pas la réponse de Simon. Il voulut enlever délicatement le bandage qu'avait mis l'infirmière. Il prenait son temps, de peur de faire un faux geste, quand, de façon inattendue, la porte s'ouvrit. C'était le médecin en chef. Jay, le visage vermeil, fut pris sur le fait. Il se tourna vers Simon, dont les paupières étaient redevenues statiques, et balbutia :

— Je voulais seulement voir comment évoluait la blessure. Je m'excuse, docteur. Je lisais à mon ami un passage qui parlait justement de la piqûre d'un scorpion pas comme les autres. Pris dans l'intrigue, j'ai voulu m'assurer que la blessure de mon ami n'était pas identique à celle décrite dans le livre.

— Donnez-moi ce livre, dit le médecin d'un air furieux. Ici, personne d'autre que moi n'est habilité à suivre les malades et à poser un diagnostic. Vous imaginez, si toutes les familles et les amis voulaient vérifier les blessures après moi ? Dans quel état les malades se retrouveraient ? Vous avez peut-être les mains sales et pleines de bactéries ? Un faux geste peut être fatal à votre ami !

Jay, désorienté, tendit le journal au médecin. Ce dernier le parcourut rapidement, passant à côté du paragraphe dont il était question. Avant de le redonner à son interlocuteur, il prit soin de jeter un œil sur la couverture. Il y était inscrit « Journal d'Anicha ».

— C'est le journal d'une gamine, vu l'écriture ! Vous n'avez pas honte de croire à ces sornettes ! Je vous en prie, reprenez-vous ! Je vous demande de quitter les lieux.

Ce que fit Jay immédiatement, honteux de ce moment d'égarement.

De son côté, le médecin remit correctement le bandage et laissa Simon seul dans sa chambre. Subitement, le vol léger d'un insecte ailé se fit entendre. Enfin, le scarabée bleu se montrait de nouveau. Posé sur le journal d'Anicha que le médecin avait remis sur la table de chevet, il se mit à parler. Seul le malade avait l'ouïe assez fine pour percevoir le murmure du coléoptère.

— Simon, je sais que tu m'entends. Tu es plongé dans les profondeurs de ton âme. Le scorpion Selek t'a arrêté net pour t'empêcher de venir en aide à Anicha. Je n'ai pas pu le stopper à temps. Depuis la nuit des temps, il veut régner sur le petit peuple. Je vais te confier un secret. Il y a fort longtemps, Selek faisait partie de notre monde bienfaisant. Le pouvoir tournait tous les cent ans. Il était question qu'il soit l'élu. À l'époque, il était très résistant et plein de ressources. Il se battait toujours pour que la justice triomphe. L'intensité dont il est pourvu lui permettait de réveiller les êtres engourdis dans leur vie. Mais, malheureusement, Selek a des pulsions excessives qui ont révélé son côté sombre et négatif. Si bien que, finalement, il n'a pas été choisi. Puis le vote du cénacle m'a désigné comme chef du petit peuple. Depuis, il me poursuit et veut m'anéantir, comme ceux que j'initie à mon savoir. Et tu en fais partie. Au même titre qu'Anicha. Il est de mèche avec la femme balafrée. Mais occupons-nous de ton sort en premier lieu. Tu vas t'en sortir.

En même temps qu'il parlait, il vola à dix centimètres au-dessus de la plaie. Il frotta énergiquement ses ailes argentées l'une contre l'autre. C'est alors qu'une poudre dorée, comme une pluie fine, tomba de son abdomen. Elle atterrit sur le bandage, au niveau de la plaie, pénétra dans le tissu blanc jusqu'à disparaître. Elle allait agir dans la chair de Simon pour soigner les cellules endommagées par le poison.

Les paupières du jeune garçon se remirent à battre de façon saccadée, mais il ne se réveilla pas pour autant. Le scarabée bleu se repositionna sur le journal d'Anicha.

— Je t'ai inoculé une poudre que nous, petit peuple, utilisons dans les cas extrêmes. Ainsi, tu seras sauvé. Ce que t'administre le médecin ne suffit pas. Mais tu vas être très affaibli, je ne peux malheureusement rien contre ça. Sois patient. Quand tu te sentiras prêt, tu ouvriras les yeux. En attendant, repose-toi. Je veille sur Anicha qui se confronte à sa part obscure. Nous en reparlerons. Et sache qu'Ottor, l'ami de son père, veille sur elle, il est à bord du bateau qui la conduit en Égypte. Mon garçon, je te laisse. Bientôt, nous nous reverrons. Ah, une dernière chose. Sais-tu que Maroc signifie à l'envers « cœur-âme »... Je te laisse y réfléchir, toi qui aimes tant la symbolique des choses. Je donne de la nourriture à ton esprit. Car, même endormi en apparence, je sais qu'il ne cesse de fonctionner.

Sur cette dernière phrase, il décolla du petit carnet et disparut, au moment même où l'infirmière ouvrait la porte de la chambre. Les soins aux malades commençaient.

L'Angélique était maintenant loin des côtes marocaines. Le bateau avait une fière allure avec ses mâts et ses grandes voiles auriques. De Tanger, on pouvait suivre son sillage vers l'est. Voguant sur la Méditerranée, il emportait avec lui les espoirs et les rêveries de voyageurs, conscients d'avoir un meilleur sort que ceux restés à quai. Même s'ils laissaient derrière eux une maison familiale, un ami, un frère, un métier, des souvenirs, ils regardaient droit devant. Prêts à tout reconstruire, pour un mois, un an, ou pour toujours.

Anicha, Falma et Liame dormaient dans leur cabine. Décalées depuis leur dernier voyage, elles n'avaient aucune intention de vivre au même rythme que tout le monde. Chaque jour, elles n'attendaient qu'une chose : faire la fête à la nuit tombée. Falma allait retrouver Hector, Liame un membre d'équipage, Anicha, elle, les observerait avec cet air détaché qu'elle avait maintenant depuis plusieurs semaines. Lasse des autres et par-dessus tout d'elle-même, elle ne prenait plus part au monde. Quelque chose en elle était comme mort. Alors, elle faisait semblant. De rire, de se maquiller à outrance, de danser au rythme des instruments de quelques marins. Elle trompait bien son monde, leur faisant croire qu'elle était des leurs, qu'elle adhérait à leurs simagrées et à leur fausse gaieté, alors que tout en elle pleurait. Devenue diaphane, elle dépérissait, sous les yeux inquiets d'Ottor qui tentait de sympathiser avec les jeunes hommes qui tournaient autour d'elle. Il vivait maintenant plus la nuit que le jour pour ne pas la laisser seule, essayant de trouver l'inspiration nécessaire à son nouveau roman. Sous sa plume, il laissait courir son imagination, nourrie de l'atmosphère de cette croisière nocturne. Au fil des jours, il se dit que ce serait un témoignage romancé original qu'il remettrait à Mina et Tahar comme preuve de toute l'attention qu'il portait à leur fille. Il espérait une fin heureuse, mais redoutait, à voir le comportement d'Anicha, qu'il faille embellir l'histoire pour atténuer la dure réalité.

À plusieurs reprises, il essaya de lui parler. Il lui raconta ses précédents écrits, comment et où il avait trouvé des idées, ses aventures passées dans des pays éloignés. Anicha écoutait, le regard perdu dans l'horizon. Parfois, elle avait comme un éclair dans les yeux. Des flashs lui apparaissaient de temps en temps, des épisodes de sa vie passée, si éphémères qu'elle ne pouvait les intégrer. Elle les redoutait tant depuis le premier, apparu dans le désert, entre la vallée du Dadès et Tanger, lorsque Simon s'était fait piquer par le scorpion.

Le bateau fendait la mer entre les côtes de l'Europe et de l'Afrique. Cela faisait déjà trois jours que *L'Angélique* avait quitté Tanger. Au loin, on devinait les îles Baléares.

Sur le pont entouré d'une balustrade en bois sculpté, à l'avant et à l'arrière du bateau, les familles commençaient déjà à tourner en rond. Il faut dire que l'espace était limité pour jouer ou se promener. Un groupe de femmes était assis dans un recoin, entouré de quatre jeunes enfants qui riaient. L'une d'elles se distinguait par sa beauté et sa prestance. Alors que les autres étaient assises en tailleur, cette femme ne quittait jamais sa chaise. Brune avec les yeux soulignés de khôl, elle était habillée d'un caftan orangé brodé de fils d'or. Et surtout, sur son épaule était posé un perroquet de couleur gris ardoise. De toute évidence, il savait distraire son jeune public, qui, grâce à lui, voyait le temps passer plus vite. Du nom de Colet', puisqu'il s'agissait d'une femelle, le perroquet répétait ce que les enfants disaient à longueur de journée. Sa maîtresse, prénommée

Dasine, se rendait en Égypte pour reconstruire sa vie, loin d'une Marrakech condamnée pour le moment. Elle était accompagnée de son mari, Léon, qui, pour l'heure, avait rejoint l'équipage, si bien qu'elle était ravie de trouver de la compagnie auprès de femmes disposées à faire connaissance.

Sur le pont de *L'Angélique*, Dasine était bien loin de se douter que sa jeune amie, Anicha, dormait à poings fermés à quelques mètres sous ses pieds.

Le mois de janvier se terminait dans la grisaille. À certaines heures, la mer n'était pas toujours tendre avec les voiliers à cette période de l'année. Le temps, plutôt doux jusque-là, se mit à virer complètement. Soudain, il fallut s'agripper, se protéger des énormes vagues déchaînées qui aspergèrent le pont, se retrancher dans les chambres pour éviter la tempête. Les cinq derniers jours de janvier furent les pires journées de navigation. Elles s'éternisaient et les marins s'épuisaient à garder le cap, bousculés à bâbord et à tribord par les vents violents.

Dans l'oasis d'Anicha, Mina tentait de cuisiner de nouveau. Voyant le désespoir de son mari, elle essayait de le réconforter en lui préparant les plats qu'il adorait. Comme elle l'avait pressenti, c'est elle, par sa vigueur, qui permettait à leur couple de ne pas sombrer. Devant le tajine qu'elle cuisinait pour le dîner, elle imaginait sa Chicha aux côtés de Simon. Elle aimait croire qu'ensemble ils découvraient le monde. Elle n'avait aucune idée de l'endroit où ils se trouvaient, mais elle se persuadait que sa fille, aidée par Simon et Ottor, avait recouvré le bon sens. Dans ses prières envoyées au dieu de la vallée, elle demandait à la revoir bientôt, tenant sa fleur d'une main victorieuse.

En une semaine, le bateau n'avait pas beaucoup avancé et le découragement avait gagné tout l'équipage. Heureusement, le ciel changea enfin. Du bleu apparaissait par touches éparses. Quelques mouettes suivaient le bateau, signe qu'un port n'était peut-être pas très loin. En effet, bientôt un marin cria : « Alger ! » La perspective d'une escale le réjouissait et sa bonne humeur était communicative. La nouvelle se répandit rapidement. Mais le capitaine n'en avait que faire. Il n'était pas question qu'ils prennent leur rêve pour une réalité !

— Oui, il s'agit bien d'Alger. Mais nous avons perdu beaucoup de temps avec la tempête. Nous ne ferons pas d'escale comme prévu. Nous tiendrons jusqu'à une prochaine destination que je vous révélerai le moment venu.

À la grande déception générale, *L'Angélique* continua sa route. Déterminée, les voiles dressées et gonflées, elle accéléra. Des dauphins joueurs l'accompagnèrent, comme pour détourner l'attention des voyageurs. Désormais plus absorbés par ce spectacle inattendu que par la contrariété de ne pas poser un pied à terre, ils s'exclamèrent de joie, jusqu'à en oublier Alger.

19

La grande fresque

Après plusieurs jours de violente tempête, le temps calme berçait de nouveau la course de la goélette. Cependant les journées promettaient d'être longues. Même si des amitiés ou de franches camaraderies naissaient au sein de l'équipage, l'ambiance restait morose. Les discussions passionnées sur l'avenir du monde lors des veillées ne suffisaient pas à faire oublier que chacun était à bord pour fuir la maladie, qui gagnait du terrain. Personne n'était au courant de ce qui pouvait se passer à terre, au Maroc et dans les pays voisins. Qui sait, l'épidémie avait peut-être contaminé l'oasis d'Anicha, Tanger et les autres villes ? L'ennui attisait toutes les angoisses et personne n'était en mesure de les calmer. C'est alors que Dasine, qui ne voulait plus perdre une minute de sa vie, sortit des pelotes de fil de toutes les couleurs de trois grands sacs qu'elle avait fait remonter de la cale. Elle avait un plan et le moment était venu de l'annoncer.

— Pour celles et ceux qui cherchent une occupation, je me propose de vous en trouver une, héla-t-elle pour bien qu'on l'entende à l'avant du pont. J'ai besoin de mains agiles et de tout volontaire avec de bonnes idées ! J'ai en ma possession quelques fils de laine, des aiguilles, des cartons. Tout pour se lancer dans une grande création : une tapisserie géante ! Qu'en dites-vous ?

Les gens l'écoutaient parler et trouvaient son comportement soudain assez saugrenu. Elle ne se laissa pourtant pas démonter par les moues dubitatives.

— Comme nous avons du temps devant nous, beaucoup de temps même, j'ai pensé qu'une tapisserie créée par nous tous nourrirait nos têtes engourdies.

— Mais que peut-on raconter sur une tapisserie ? renchérit une des femmes qui l'entourait.

— Alors là, faites-moi confiance. J'ai vécu de telles choses avant de quitter Marrakech, et connu des personnes si particulières, que je suis sûre de pouvoir alimenter notre fresque ! Nous la construirons par petites touches, au gré de nos envies. Et nous sommes si nombreux à bord que nous pouvons nous relayer. L'avantage est qu'en nous y mettant tous, nous arriverons à un tableau inédit. On pourrait le baptiser « L'Œuvre de *L'Angélique* » !

L'assemblée, tout ouïe et curieuse de ce que cette femme racontait, ne savait que répondre. Colet' vint en renfort.

— Bonjour, je me présente. Je m'appelle Colet'. J'aime bien cette idée.

Ceux qui jusqu'à maintenant n'avaient écouté Dasine que d'une oreille distraite se concentrèrent enfin. Les voyageurs ne savaient pas que Colet' pouvait être bien plus loquace encore. Mais, pour l'instant, l'oiseau voulait juste soutenir sa maîtresse sans pour autant faire le perroquet savant.

Une jeune femme qui n'avait pas sa langue dans sa poche fit observer :

— Je trouve cette idée originale et bienvenue. Mais, si je peux me permettre, confectionner une tapisserie, c'est plutôt étrange. Ce n'est plus du tout à la mode. Aujourd'hui, les gens apprécient plutôt la peinture. Lorsque nous arriverons en Égypte, on nous rira au nez en découvrant notre tenture !

— Et quand bien même on nous rirait au nez, il ne tiendrait qu'à nous de défendre notre œuvre collective ! D'y voir une façon intelligente de nous rendre utiles, de rencontrer d'autres personnes, de faire travailler notre imaginaire ! Nous pourrions être surpris de voir ce dont nous sommes capables. Et tant pis si personne n'y trouve d'intérêt. Nous le faisons avant tout pour nous, indépendamment du regard des autres. Joins-toi à nous. Je crois deviner que tu as des idées plein la tête !

— Je veux bien essayer, répondit la jeune fille, prudente mais volontaire.

Léon prit la parole à son tour. Il avait cessé son travail et invité les autres membres de l'équipage à en faire autant pour écouter sa femme.

— Bonjour à tous, je suis le mari de Dasine. Bien sûr, elle m'avait mis au courant de son idée. Et je vais vous avouer quelque chose. Avant d'embarquer, je ne croyais pas une seconde à la réalisation de cette fresque. Je ne voyais pas comment la mettre en place à bord. Mais depuis notre départ, j'ai changé d'avis. Les journées sont longues et nous ne sommes même pas au quart du voyage. Dasine et moi avons vécu des choses inhabituelles, et rencontré une jeune fille hors du commun qui nous a fait découvrir un monde rempli de mystères. J'aimerais vous raconter notre histoire, qu'elle prenne vie sur cette fresque. Je vote pour !

L'assemblée garda un moment le silence. Enfin, un homme leva la main pour signifier qu'il était d'accord, puis un autre, et, au final, tout le monde les imita. Très vite, des discussions s'engagèrent de tous côtés. On sentait l'enthousiasme monter, les connexions s'établir entre les uns et les autres. Dasine regardait la scène, émue. Elle avait hâte de s'y mettre.

— Parfait. Merci à tous ! Mettons-nous tout de suite à l'ouvrage, ajouta-t-elle.

La première étape consistait à recruter celles et ceux qui savaient tisser, puis ceux qui étaient en mesure de dessiner. Même les plus timides osèrent lever la main, d'autres se dirent qu'il n'était jamais trop tard pour s'engager dans une activité créative. Certains hommes enfin, assez peu prédestinés au tissage car dotés de mains vigoureuses plutôt que de doigts de fée, ne voulaient pas rester sur la touche. Dasine leur confia la tâche de découper les cartons qui serviraient de guide pour tisser. Elle évoluait dans son rôle d'organisatrice comme si elle avait dirigé des gens toute sa vie. À la fin de la matinée, quand chacun fut satisfait de la mission qui lui avait été confiée, le déjeuner fut accueilli avec moins d'impatience qu'à l'accoutumée. Composé de pain, de fromage, de viande séchée et d'oranges pour le dessert, le repas fut englouti en moins d'une demi-heure, tant chacun était impatient de laisser libre cours à sa créativité.

Du ciel, les oiseaux devaient se régaler de ce spectacle original. Les hommes hissaient les voiles pour la première fois en fredonnant, d'autres grimpaient aux mâts pour le simple plaisir de prendre de la hauteur, les enfants s'amusaient avec des pelotes de laine. Comme par miracle, les pleurs avaient disparu, ce qui reposait les oreilles aux alentours. Dasine se lança dans le récit de ses dernières semaines passées à Marrakech.

Elle s'appuyait en partie sur le brillant exposé d'Anicha, mais aussi sur les confidences que la jeune fille lui avait faites dans le jardin botanique, sous le regard amusé de Colet'. Bien sûr, le scarabée bleu n'était pas étranger à ce qui se tramait à bord du voilier. Tout avait été pensé pour souffler dans le cœur de Dasine l'envie de rassembler les passagers autour d'un objectif commun. Bientôt, pas loin de deux cents personnes seraient en mesure, une fois arrivées à destination, de répandre à leur tour son secret. Évidemment certains resteraient hermétiques au message. Mais d'autres le percevraient et transmettraient à leur façon ce qu'ils en avaient compris.

À des kilomètres de là, dans la chambre 2 du petit hôpital de Tanger, Simon reprenait doucement conscience. Il gémissait de douleur. Le médecin avait ôté les pansements pour faire un soin. Penché au-dessus de la piqûre, il étudiait la consistance de la peau. Mais surtout, il s'attarda sur les trois cercles blancs présents autour de la blessure. Il ne comprenait pas leur signification. C'est alors que lui revint en mémoire sa discussion avec Jay, après que celui-ci se fut permis de toucher au bandage. Il lui avait en effet parlé de ce signe distinctif dont il avait pris connaissance dans le journal d'une adolescente. Quand Jay arriva, une heure plus tard, le médecin lui laissa à peine le temps de s'installer près de Simon qui s'était rendormi. Il lui expliqua ce qu'il avait constaté sur son malade. Jay, perplexe, ne savait que répondre. Il reprit le journal d'Anicha et relut le passage en question à son nouvel allié. Tous deux ne savaient plus qu'en penser.

La croisière se déroulait sous les meilleurs auspices. Dans la même journée, les passagers avaient pu apercevoir sur leur gauche la baie de Cagliari, en Sardaigne, qui les narguait avec son sable fin et ses rochers lisses. Puis ce fut au tour de Tunis d'apparaître cette fois sur la droite. Mais avec le projet de tapisserie, plus personne ne songeait à accoster. Les voyageurs prenaient goût à cette vie sur l'eau, entre deux continents. Le soir, la lune se reflétait dans la mer. Le panorama était magnifique, parsemé de touches argentées. C'est à cette heure qu'Anicha s'extirpait de son sommeil avec difficulté. Les yeux gonflés et vitreux, elle émergeait, en même temps que les jumelles, pour entreprendre son programme. Le même chaque soir : un brin de toilette, un repas décousu sur le pont à l'arrière du bateau, quelques paroles chantées à la cantonade aux côtés de ses amis de croisière. Ce soir-là, elle avait revêtu une robe de Falma, trop grande pour sa silhouette élancée. Elle n'avait pas pris la peine de se coiffer. Ses longs cheveux noirs lui tombaient dans le dos et la protégeaient un peu de la fraîcheur. Malgré sa mine grise, elle restait belle avec ses traits fins et son visage doux. Elle laissait les jumelles batifoler et ricaner. Maintenant que les flashs devenaient de plus en plus fréquents pendant son sommeil et lors des veillées, elle n'avait plus le goût de parler. Ne comprenant pas les images qui s'invitaient dans sa tête – un perroquet qui lui parlait, une femme dans une herboristerie derrière un olivier, une école où elle se retrouvait sur une estrade à faire un exposé –, elle les redoutait et perdait pied. Ses amies se lassaient de son mutisme et préféraient s'amuser avec les hommes de l'équipage. Et la situation aurait pu encore se dégrader, si Colet' n'avait pas surgi dans cette petite assemblée nocturne. Pressentant un danger, l'oiseau était de nouveau en mission. Il vola au-dessus des têtes et se posa sur le bastingage. Son plumage brillait à la lueur des bougies. Fascinés, deux musiciens stoppèrent net leur improvisation tandis qu'un autre continuait à gratter sa guitare. Colet' en profita pour chanter :

« Les hommes ne voient pas,
Ou ne veulent pas voir,
Qu'une jeune fille, dans la douleur,
S'étiole.
Pas un parmi vous pour la sortir de sa torpeur
Pas un parmi vous pour lui redonner le goût
De la vie ?
N'avez-vous pas honte, jeunes gens, de la laisser
Pleurer, errer, s'égarer, vaciller ? »

Tous se regardèrent, interloqués. Que voulait dire cet oiseau ? Certains rirent de bon cœur, ne comprenant pas la signification de ces paroles. Liame, plus perspicace, pâlit, avant de se tourner vers Anicha. Pour elle, pas l'ombre d'un doute, le perroquet parlait de sa jeune amie. Hector fut le premier à prendre la parole.

— Qui es-tu, l'oiseau ? Et de qui veux-tu parler ? Il serait plus judicieux de nous dire directement, et non à travers une drôle de chanson, ce que tu as l'intention de transmettre comme message, toi qui sembles si intelligent !

Le perroquet s'était promis de ne pas en dire plus. Le commun des mortels pouvait accepter d'un perroquet qu'il clame des poèmes, mais pas qu'il entretienne une véritable conversation.

Cependant, le poème suffit à atteindre le but recherché. Aussitôt, Hector regarda Anicha et lui dit :

— C'est vrai, avouons-le, depuis le début, nous sommes mal à l'aise en ta présence, Anicha. On ne sait pas si tu nous écoutes, si tu aimes notre compagnie. Tu ne dis plus rien. Pourtant, nous t'avons demandé à plusieurs reprises ce que tu avais. Tu as l'air si triste ! Et si lointaine ! Tu nous as à chaque fois éconduits, si bien que nous n'avons pas su quoi faire de plus. C'est ton choix de ne pas vouloir parler. Nous n'en sommes pas responsables.

Falma, qui avait fumé une herbe apportée à bord par l'un des marins, n'avait plus les idées très claires.

— De toute manière, elle n'a que seize ans, on n'est pas ses parents après tout ! C'est encore une gamine. Je le dis depuis le début à ma sœur. Jamais on n'aurait dû l'emmener dans ce voyage. C'est un fardeau, cette fille !

Hector et les autres n'en croyaient pas leurs oreilles. Ils réalisaient seulement maintenant qu'ils avaient dans leur groupe une adolescente de seize ans ! Un malaise s'empara de chacun. L'un toussota, l'autre détourna le regard pour s'extraire un instant du groupe, un autre se leva et alla rejoindre un autre marin qui discutait dans la pénombre. Liame voulut à tout prix arrêter ce malentendu, devant l'air désapprobateur d'Hector, le plus âgé du groupe.

— Je suis désolée, Falma, mais c'est aussi de notre faute. Nous savions toutes les deux quel âge a Anicha et nous n'avons rien voulu dire. Prises dans notre désir de fuir l'oasis, nous avons toutes les trois essayé de paraître plus âgées que nous ne le sommes. Souvent, souviens-toi, je t'ai dit que ce n'était pas prudent. Mais tu es tombée amoureuse d'Hector et tu n'as plus rien voulu savoir. Mais moi, je vois bien qu'Anicha s'enfonce et qu'elle est de plus en plus bizarre.

À ce moment-là, Anicha, qui n'avait pas pris part à la conversation, regarda dans la direction de l'oiseau. Un autre flash la saisit, la projetant en arrière, jusqu'à la faire tomber à terre. Colet' vint aussitôt à son secours et lui souffla dans l'oreille, discrètement :

— Ma chérie, oui c'est moi, Colet'. Ne t'en fais pas, tu n'es plus seule. Viens, allons nous retrouver au calme, dans ta chambre.

Anicha tenta de se relever avec difficulté. Sa tête avait cogné la rambarde, ce qui ne fit qu'accentuer sa migraine, devenue chronique. Hector lui tendit le bras pour l'aider à se remettre debout. Elle eut à peine la force de lui dire qu'elle voulait retourner dans sa cabine. Il laissa les autres et, suivi de l'oiseau, regagna les cales. Une fois en bas, il dit à Anicha de se reposer. Et, confus, ajouta avant de remonter :

— Je suis désolé. Je ne savais pas que tu étais si jeune.

La jeune fille lui sourit et, d'un hochement de tête, lui fit signe de partir. Hector, gêné, s'en alla sans ajouter un mot.

Après son départ, Anicha se ressaisit et s'adressa à l'oiseau.

— Je t'ai vu en flash tout à l'heure. Nous étions, toi et moi, sur la grande place de Marrakech en train de… de… de…

— Voilà, tu y viens, Anicha. Les flashs viennent te rappeler ce qui t'est arrivé. Vas-y, continue, tu ne risques rien.

— Je… Je… Comment dire… Nous voulions sauver des insectes, prisonniers d'une… horrible femme.

Au même moment, Anicha se mit à pleurer. Des larmes abondantes jaillirent, faisant couler son maquillage sur ses joues. Elle laissait aller dans ses sanglots tout ce qu'elle avait emmagasiné ces dernières semaines. Puis elle s'arrêta net, reprit sa respiration, avant de s'exclamer :

— Ma fleur ! Elle m'a volé ma fleur !

— Oui, ma fille, c'est absolument ça. Elle t'a volé ta pivoine, et en même temps ta puissance intérieure et ta lumière. Mais tu es tenace et pleine de ressources, tu vas te ressaisir, et la retrouver, j'en suis sûre ! Ces jours t'ont blessée, mais ne t'ont pas détruite !

— Mais pourquoi mes souvenirs ne reviennent-ils que maintenant ? Je ne comprends pas ce qui m'arrive ? Qu'est-ce que je fais ici, à bord de ce bateau ?

Colet' interrompit son flot de paroles. Anicha enchaînait les questions tout en continuant à pleurer. L'oiseau jugea qu'il était plus prudent de la laisser dormir quelques heures. Demain, reposée, elle serait plus à même de comprendre la situation dans laquelle elle se retrouvait.

— Ma douce, tu vas dormir. Ainsi, demain, tu verras enfin le soleil. Je dois t'avouer que vivre la nuit ne te réussit pas trop, demoiselle, lui dit l'oiseau tout en riant pour dédramatiser la situation. Passe une bonne nuit. À ton réveil, tu auras une surprise.

Mais déjà, Anicha s'était assoupie. Elle n'avait pas entendu la dernière phrase de son amie. La fatigue avait été plus forte.

Sur le pont, le groupe s'était dispersé. La bonne ambiance avait laissé place à une atmosphère pesante. Falma et Liame vinrent se coucher elles aussi. Colet' n'était plus là.

20

Malte

Le bateau avait quitté Tanger quinze jours plus tôt. Durant les journées interminables du début, beaucoup s'étaient remis des derniers mois de tension intense due à l'épidémie. D'autres avaient profité de cette trêve pour lier connaissance, jusqu'à ce que Dasine propose sa grande fresque. Ottor, qui n'avait pas manqué une scène de la vie à bord, grattait du papier à longueur de journée. Au début, il avait tenté de suivre le rythme d'Anicha et de ceux qui passaient pour ses amis. Mais il avait vite abandonné cette façon de vivre, incompatible avec toute créativité. Souvent, aux heures des repas, il se joignait à l'équipage. Il avait sympathisé avec Léon. Tous deux grands voyageurs, ils avaient des anecdotes, des aventures à partager. Jusqu'au jour où, sur le ton de la confession, Léon se mit à raconter à Ottor qu'il avait contracté la maladie tant redoutée à Marrakech, et qu'une jeune fille dénommée Anicha l'avait conduit chez une herboriste qui l'avait sauvé. Son récit faisait le lien avec le projet de tapisserie de sa femme. Ottor n'en croyait pas ses oreilles. Ce prénom était si rare qu'il ne pouvait s'agir que d'une seule et même personne. Il s'empressa de dire à son nouvel ami qu'il connaissait une jeune fille qui portait le même prénom et qui se trouvait à bord de *L'Angélique*. Elle venait d'une oasis éloignée. Léon demanda à Ottor s'il était sûr de ce qu'il avançait et, devant son assurance, il décida d'en informer Dasine. En l'écoutant, Dasine ouvrait grand ses beaux yeux noirs, elle était avide d'entendre que sa très chère amie était peut-être là, à quelques mètres d'elle. Mais elle restait prudente. Une jeune fille de cet âge ne pouvait voyager seule. S'il s'agissait bien d'Anicha, que pouvait-elle faire à bord d'un voilier qui naviguait vers l'Égypte ? Et pourquoi ne l'avait-elle pas croisée jusqu'ici, après quinze jours de traversée ? Non, à bien y réfléchir, il ne pouvait s'agir de la même personne. Ottor n'eut pas le temps d'argumenter. Montant des cales, Anicha se dirigeait vers eux. À ses côtés, Colet' battait des ailes. Dasine la reconnut aussitôt, mais, bloquée par ses jambes, elle se contenta de lui tendre les bras en la hélant.

Ottor n'avait pas eu le temps de les informer de l'état d'Anicha. L'attitude de la jeune fille surprit le couple. Depuis l'épisode de la veille avec Hector et les jumelles, et surtout avec Colet' qui s'était mêlée au groupe, elle s'était réfugiée dans le sommeil. Engourdie et lasse, elle les observa tous les trois, avec cet air détaché qui la définissait désormais. Sa réaction, ou plutôt son manque de réaction et d'enthousiasme, choqua Dasine, qui comprit aussitôt que quelque chose ne sonnait pas juste. Elle fit alors comme si de rien n'était, montrant sa joie de la retrouver. Elle proposa à son amie de s'asseoir et de manger à leurs côtés. Pendant ce temps, Léon s'était écarté et faisait mine de rejoindre les autres marins. En aparté, il écoutait l'oiseau lui dévoiler les différentes péripéties qu'avait connues Anicha, et à mesure du récit il semblait de plus en plus attristé. Au bout de cinq minutes, il retourna auprès de Dasine et Ottor. Autour d'Anicha, tout le monde faisait comme si tout allait pour le mieux. Il fallait avant tout renouer le lien fragile entre elle et eux. Ils ne voulaient pas l'accabler de questions, même si Dasine était impatiente de savoir ce qui s'était passé. La période où elle était vêtue de sa robe blanche parfumée à la fleur d'oranger et à la vanille paraissait si loin.

Le capitaine ne les laissa pas très longtemps se perdre en conjectures sur ce qu'avait pu vivre Anicha. Dressé à l'avant du bateau, il annonça de sa voix grave :

— Nous allons accoster à Malte et y rester jusqu'à demain. Ce sera notre seule escale durant ce voyage. Vous avez quartier libre !

Effectivement, à deux ou trois milles de là, on pouvait voir apparaître la petite île. Un hourra général monta du pont de *L'Angélique*. Personne ne connaissait Malte, mais le capitaine, d'origine maltaise, ne pouvait traverser la Méditerranée sans s'arrêter pour boire un verre avec ses amis.

Léon, Dasine et Ottor avaient bien d'autres préoccupations en tête. Mais cet arrêt tombait plutôt bien, se dit Dasine. Casser le rythme, rien de tel pour remettre sa jeune amie dans un quotidien plus sain.

Il était trois heures de l'après-midi quand le bateau accosta dans le grand port de La Valette, d'où l'on pouvait admirer la couleur ocre des maisons et des cafés. Tout le monde se précipita pour fouler cette terre où chaque civilisation avait laissé son empreinte. Le capitaine informa les passagers que le bateau repartirait le lendemain à la même heure. Il indiqua rapidement où étaient concentrées les auberges pour y séjourner la nuit. Et il s'éclipsa en un éclair, impatient de retrouver ses racines.

Quand les amis d'Anicha posèrent le pied à terre, ils ne savaient pas ce qui les attendait. L'île leur était complètement inconnue. Même Ottor et Léon, pourtant grands explorateurs, n'avaient jamais eu l'occasion de s'arrêter sur ce bout de terre perdu en mer. Colet' les accompagnait, ne quittant pas Anicha une seconde. Après cinq minutes de marche au hasard, un homme les arrêta.

— Bienvenue à Malte, chers amis ! Je vois que vous ne connaissez pas les environs. Vous allez tout droit vers un quartier sans aucun intérêt. Voyez mon petit bateau qui part dans peu de temps sur l'île de Gozo. C'est un joyau, mes amis. Fuyez la ville et venez admirer ce que la nature a de plus beau à offrir. Je vous ramènerai à La Valette quand vous le voudrez !

— Est-ce votre métier de faire la navette entre La Valette et Gozo ? interrogea Léon.

— Oui, mais, en ce moment, la période est creuse, alors je ne fais qu'un aller-retour par jour. Mais je vous fais un prix. Vous m'avez l'air sympathique !

— Combien veux-tu ? Et combien dure la traversée ?

Mais l'homme n'eut pas le temps de répondre. Un autre lui vola la vedette en parlant plus fort que lui.

— Gozo ? Mais enfin, j'ai mieux pour vous ! N'allez pas perdre votre temps en reprenant un bateau alors que vous venez tout juste d'accoster. Je me mets à votre place. Vous devez en avoir assez de la navigation ! Moi, je vous propose une visite qui vous marquera à jamais.

— Peux-tu nous en dire plus ? Sans en faire trop, car nous sommes épuisés par le voyage. Et ne t'adresse pas à nous comme à de vulgaires touristes ! avertit Léon, avec un air légèrement agacé.

— Alors, laissez-moi vous faire découvrir la Grotte bleue. C'est une merveille de notre île. Demain matin, à l'aube, vous assisterez à un lever de soleil inoubliable, tout en découvrant la pureté de l'eau verte et turquoise. Et croyez-moi, les mots ne suffisent pas à décrire ce site !

Tandis que l'homme parlait, on sentait une certaine authenticité dans ses paroles. Il avait sûrement prononcé plus de mille fois son discours. Pourtant, il y mettait encore tout son cœur, passionné par ce qu'il racontait. Dasine et Léon se regardèrent. Ils se comprirent en un instant. C'est exactement à cet endroit qu'il fallait emmener Anicha. Ils n'auraient su dire pourquoi, mais ils avaient une intuition. Léon acquiesça sans en savoir plus. Le prix n'avait plus d'importance. L'homme qui leur avait proposé de les conduire à Gozo s'éloigna en vociférant. Son concurrent lui avait chipé sa clientèle de la journée. C'était la dure loi du port de La Valette.

Anicha, Colet', Ottor, Dasine et Léon montèrent à bord d'un luzzu, un bateau traditionnel du coin en bois coloré. Direction un vieux village de pêcheurs pour y passer le reste de la journée et y dormir, avant de se lever très tôt le lendemain matin pour admirer l'eau bleue. Le petit groupe était enchanté de cette virée qui les changeait d'air. L'homme qui conduisait le bateau s'amusait de voir le perroquet sur les épaules d'Anicha. Après avoir longé la côte quelques minutes, ils arrivèrent au niveau du village. Tout le monde descendit sur le ponton. C'était jour de marché. Toute la journée, les fruits et légumes attendaient d'être saisis par des clients avides de les croquer à pleines dents. Le reste du temps, le groupe flâna au bord des falaises, tout en dégustant les produits du marché. Anicha parlait à peine, malgré les sollicitations de Dasine qui tentait de lui remémorer les bons moments à Marrakech. Elle riait toute seule en relatant sa première rencontre avec Colet'. Ottor observait la scène tout en pensant à Mina et à Tahar qui devaient se ronger les sangs de ne pas avoir de nouvelles de leur fille. S'ils savaient qu'en plus Simon était resté seul à Tanger, plongé dans le coma… Il se sentit soudain démuni et honteux. Il avait suivi la jeune fille jusque-là et se trouvait incapable de la sortir de son mal-être.

La fin de la journée approchait. Le soleil commençait à décliner à l'horizon. Ottor lança :

— J'ai une sacrée envie de manger des fruits de mer. Qui me suit ?

Tous répondirent en chœur : « Moi », même si le « Moi » d'Anicha était moins enflammé que les autres. Il y avait un consensus autour de cette bonne idée. L'homme du port de La Valette les conduisit dans une échoppe. D'après lui, c'était l'endroit où manger les meilleurs fruits de mer de l'île. À l'intérieur, des morues séchées pendaient, des poissons frais de toutes les tailles étaient disposés sur de la glace pilée. L'intérieur était sobre, sans fioritures. On y venait non pas pour le cadre, mais pour ce qu'il y avait dans l'assiette. Et, effectivement, le guide n'avait pas menti. Les plats, copieusement servis, contenaient coquillages, carpaccio d'espadon, homard, poulpe et fruits de mer.

Une fois rassasiée, la petite équipe n'eut qu'une idée en tête : aller se coucher pour être debout à l'aube.

Une auberge se trouvait à deux pas. Modeste, elle n'avait que deux chambres à proposer. Dasine voulut dormir avec Anicha. Elle ne la quittait plus. Habituellement, les animaux n'avaient pas le droit d'entrer dans les chambres. Mais, exceptionnellement, Colet' fut autorisée à demeurer avec eux. Là encore, la fascination pour le perroquet avait agi. De leur côté, Ottor et Léon partagèrent des lits jumeaux dans une chambre dénuée de décoration. Les sommiers étaient confortables, ce qui était l'essentiel pour une bonne nuit.

Vers cinq heures du matin, le guide frappa aux portes avec une certaine énergie. Matinale, elle aussi, la propriétaire avait préparé un petit déjeuner copieux. Le café fumait déjà dans la pièce qui faisait office d'accueil et de salle à manger. La porte d'entrée était grande ouverte et donnait sur la place du marché. Déjà, on pouvait deviner que le temps allait être clément. Le groupe était impatient de rejoindre le guide. Une demi-heure plus tard, ce dernier les attendait près de quelques marches abruptes, sculptées dans la falaise, qui donnaient sur une petite crique. La mer, encore sombre dans la nuit finissante, était calme. Il donna aux hommes des rames tout en leur indiquant le chemin à suivre. Il fallait contourner la falaise. La grotte était bien cachée dans un recoin. Ottor et Léon s'exécutèrent et ramèrent rapidement pendant une centaine de mètres. Et là, derrière un gros rocher, à l'est, ils se trouvèrent aussitôt devant un trou de plusieurs mètres dans la roche. Ils s'y engouffrèrent sans bruit. L'homme positionna le bateau de telle sorte que tous puissent admirer le spectacle. Et bientôt, ce qu'ils attendaient tant arriva. Le soleil se leva lentement. Un mélange de rose, de jaune et d'orange fusionna dans le ciel. Puis les rayons du soleil pénétrèrent dans la caverne, éclairant l'eau, qui révéla alors tous ses secrets. Translucide, elle reflétait un bleu indescriptible.

Les couleurs phosphorescentes dansaient sous les yeux ébahis des visiteurs. Dans un silence de cathédrale, ils admiraient les poissons dont les écailles scintillaient dans l'eau. C'est alors qu'Anicha sentit une larme couler sur sa joue. Dasine, qui la considérait du coin de l'œil, sauta sur l'occasion.

— Anicha, tu souhaites peut-être rester un moment seule ici ? Si tu veux, nous pouvons aller en repérage avec le guide. Je suis sûre qu'il y a d'autres grottes. Qu'en dis-tu ?

D'un hochement de tête, la jeune fille fit comprendre qu'elle était d'accord. Rapidement, le bateau s'éloigna sur la droite, à la recherche d'autres cavités plus petites. C'est à ce moment-là que le scarabée bleu choisit d'entrer de nouveau en scène. Le cadre était idéal pour entretenir enfin une discussion avec celle qui lui était apparue l'été d'avant la plus à même d'empêcher le mal de s'étendre.

Depuis, tant de choses étaient arrivées, Anicha n'était à vrai dire plus vraiment celle qu'il avait connue. Quelle réaction pourrait-elle avoir face à lui ? L'insecte avait hâte de le savoir.

— Anicha, regarde sur ta gauche. Je suis posé sur le rocher.

Anicha sursauta. Qui pouvait bien la sortir de ses pensées ? Elle tourna la tête et vit l'insecte posé dans un rayon du soleil.

— Mon enfant, je sais ta souffrance depuis que tu as perdu ta fleur. Mais tu peux te relever et faire face à cette horrible femme qui te l'a volée. C'est le message que je veux te délivrer aujourd'hui. Chaque épreuve nous met sur le chemin.

Voyant qu'Anicha était disposée à l'écouter, il poursuivit.

— Écoute-moi bien. Tu dois te relever et ramener ton corps à l'équilibre. Nous sommes tous les créateurs de nos pensées et de nos émotions. À partir de maintenant, tu vas utiliser ta colère, étouffée jusqu'à maintenant, pour avancer. Chaque cellule de ton corps perçoit tes changements d'humeur. En ce moment, tu envoies tant d'anxiété et de peurs à ton corps qu'il réagit par l'apathie. Mais avec ce que je te dis, tu vas retrouver ton pouvoir.

Anicha, tout ouïe, sortit enfin de son mutisme.

— Je suis sans force, c'est vrai. J'avais trouvé des filles que je croyais être mes amies, mais je n'ai finalement rien en commun avec elles. Mes rires du début étaient si faux, si tu savais ! Je ne sais plus où aller, que faire, qui je suis, ce que je veux vraiment !

En présence de l'insecte, elle osait pour la première fois libérer le flot de ses paroles qu'elle avait retenu enfermées depuis des semaines. Le scarabée ne l'écoutait pas. Il était concentré sur le fil de ses propres réflexions. Il avait l'art d'appuyer là où la douleur était la plus criante pour mieux en triompher.

— Nous pouvons faire évoluer tout ce qui nous entoure par le seul pouvoir de nos pensées. En remplaçant le mal-être et les représentations douloureuses, les souvenirs et les rancœurs. Plonge dans ton présent, ouvre-toi à toutes les surprises qu'il t'offre. En l'occurrence, vois tes amis qui t'entourent, ou cet azur de la mer. Fais cela chaque jour et tu verras, l'équilibre reviendra en toi. Même si tu te sens encore vaciller pendant quelque temps, en l'absence de ta fleur, tu verras les choses autrement. N'oublie jamais : soigne ton âme et apprends à vaincre, non à te résigner ! Pars à la conquête de ton mental et ta liberté triomphera ! Renonce à toutes les dérives, et ne songe pas à te venger ! Invente autre chose, fais briller ton joyau sur ta souffrance. Bats-toi, sois plus forte que la femme bala…

— Arrête, je t'en prie. Je suis bien incapable de comprendre un mot de ce que tu me dis. J'ai très mal à la tête de nouveau.

La posture de la jeune fille n'était déjà plus la même. Voûtée deux minutes plus tôt, elle se redressa d'un air affirmé. Mais alors que son allure retrouvait sa grandeur, son visage se crispa et se ferma au dialogue qui avait pourtant bien commencé.

— Non, je n'arrêterai pas. Je veux que tu te ressaisisses, Anicha. De toute manière, ce qu'on ne veut pas savoir de soi-même finit par arriver de l'extérieur.

— Je ne peux pas, comprends-tu ? Et d'ailleurs, tu n'es pas mon père, alors ne me fais pas la leçon, compris !? Tous tes bla-bla, tes belles paroles, à quoi bon !? Laisse-moi tranquille gérer ma vie comme je l'entends. Choisis une autre fille, plus souriante, plus gentille, plus parfaite ! Je pars en Égypte pour vivre et m'amuser. J'ai trop perdu de temps dans les livres. C'est terminé. Fiche-moi la paix ! Tu n'es qu'un insecte !

S'il avait fait plus chaud, Anicha aurait sûrement plongé dans l'eau cristalline. Mais ses amis, qui arrivaient en bateau pour la retrouver, l'avaient entendue hausser le ton. Le discours du scarabée n'avait, en apparence du moins, pas atteint le cœur de la jeune fille. Mais, elle s'était ressaisie, et toute indolence avait disparu pour laisser place à de la colère. Pour justifier d'avoir parlé fort à ses amis, elle prétexta avoir tenu une conversation imaginaire avec son père, qui ne voulait pas voir qu'elle avait grandi. Elle annonça alors qu'elle s'était libérée de sa tristesse et qu'elle était désolée de leur avoir causé du souci. Désormais, elle allait se reprendre en main et profiter des moments passés avec eux.

Dasine la serra dans ses bras, Léon en fit autant. Tous repartirent en direction de La Valette. Ils avaient l'impression d'avoir enfin retrouvé la véritable Anicha. Du moins l'espéraient-ils.

21

L'arrivée en Égypte

Vers quinze heures, *L'Angélique* hissait de nouveau les voiles, direction l'Égypte. Après cette escapade pittoresque sur l'île, mines réjouies, les passagers avaient hâte de se remettre à la fresque. Dasine n'en revenait pas. Elle n'avait même pas besoin de motiver qui que ce soit. Chacun retournait naturellement à sa mission.

Anicha n'était pas loin. Il n'était plus question de vivre la nuit. Au moins, la Grotte bleue lui avait permis d'être de nouveau à l'écoute de son horloge interne.

Dasine la mit au courant du projet de grande fresque que les passagers préparaient. Anicha, curieuse et perplexe devant la scène, voulut en savoir plus.

— Mais qu'avez-vous l'intention de raconter sur cette fresque ?

— Eh bien, je comptais t'en parler justement. Que dirais-tu de reprendre la même histoire que celle que tu as exposée dans ton école en décembre dernier ?

— Tu veux dire la légende du scarabée bleu ?

— Oui, exactement. Nous ne sommes pas obligés de tout dévoiler, on peut en faire une œuvre poétique. Le message parviendra de différentes façons aux personnes intéressées. Au départ, j'étais loin de me douter que tu étais sur le bateau, mais je pensais tous les jours à toi. Et j'avais imaginé raconter aux passagers des bribes de notre vie à Marrakech : notre rencontre, ton exposé, Leï, madame Malik… Tu te souviens de l'herboriste qui t'a logée à Marrakech, n'est-ce pas ?

— Arrête, Dasine, arrête. Il est hors de question d'étaler ma vie comme ça, tu entends !

— Excuse-moi, j'ai sûrement mal jugé la situation. Il est vrai que, à ma plus grande joie, tu es là maintenant. Je comprends bien que cela change la donne. Écoute, on peut faire autrement. De toute manière, pour l'instant, les gens se sont organisés, se sont réparti les tâches, et je ne leur ai pas encore vraiment expliqué ce que j'avais en tête au départ. Ensemble, nous pouvons réfléchir à ce que nous voulons leur dire. Est-ce que cela te conviendrait ainsi ?

— Dasine, je te remercie en tout cas pour cette attention, je veux dire… d'avoir pensé à moi si fort. On se retrouve ici, aujourd'hui, et ce n'est pas banal. Mais Marrakech me semble bien loin maintenant, ce que nous y avons vécu aussi. Quant au scarabée bleu, je crois que je l'ai inventé de toutes pièces en fait. Je n'y crois plus, j'ai dû rêver.

— Mais enfin, tu plaisantes ? Et Colet' ? Tu l'as rêvée peut-être ? Oh, réveille-toi une bonne fois pour toutes ! enchaîna Dasine, d'un ton réprobateur. Je comprends que tu ne veuilles pas parler du passé. Mais je ne t'autorise pas à nier les êtres qui ont été à tes côtés et le sont encore, aussi petits soient-ils !

— Laisse-moi un peu de temps alors. Ces derniers jours ont été éprouvants à cause de ces violents maux de tête.

— Oui, d'accord. Prends soin de toi. Mais regarde tous ces gens qui s'activent et réfléchis au tableau. Il n'y a pas encore de fil conducteur. C'est dommage.

— Compte sur moi, Dasine ! À plus tard !

Anicha s'éloigna, rejoignant le balcon à l'opposé, pour se retrouver seule, face à la mer. Le bateau, au milieu des flots, était comme oublié du monde, loin de tout. Pour Anicha, le moment était propice pour repenser au dialogue avec le coléoptère. Les mots revenaient au prix d'un immense effort. Sa tête était si embrumée. Mais quelque chose la poussait à se souvenir des messages qu'il avait voulu lui transmettre près d'une eau pure, où se reflétait sa part d'ombre. « Nous sommes tous les créateurs de nos pensées et de nos émotions. »... « En remplaçant le mal-être et les représentations douloureuses, les souvenirs et les rancœurs. »... « Soigne ton âme et apprends à vaincre, non à te résigner ! » Son discours revenait par bribes à son plus grand soulagement.

Elle eut alors le sentiment que tout ce dont elle avait besoin, à l'instant même, se réunissait en elle, s'harmonisait et s'alignait avec son environnement. Devant l'horizon bleu, sous un ciel aux traînées roses, debout à la proue de *L'Angélique*, elle eut un flash plus puissant encore que les précédents. Elle se remémora un fait bien précis : Simon à ses côtés dans le désert à son retour vers l'oasis. Il parlait une langue bizarre tout en discutant avec un serpent. Elle comprit soudain que le scarabée bleu, le serpent et tout le reste étaient bien réels. Elle accueillit ce moment solennellement, en se faisant la promesse de venir plusieurs fois par jour à cet endroit, à l'abri des regards indiscrets. De là elle observerait ses pensées et transformerait les plus nocives en images apaisantes. C'est alors que la femme balafrée s'invita dans sa tête. Elle sourit, prenant cela comme un jeu avec la partie la plus ténébreuse en elle. Et, délibérément, elle chassa de son esprit le visage de la sorcière pour le remplacer par celui, bronzé et séduisant, de Simon. Elle avait retrouvé son teint lumineux, ses yeux brillaient, tout son corps respirait. Le scarabée bleu avait raison. Sa méthode fonctionnait.

Une demi-heure plus tard, elle revint auprès de Dasine avec un air victorieux.

— Je suis d'accord, dit-elle.

— Comment ça « tu es d'accord » ? Que veux-tu dire ?

— Je trouve que ton idée est bonne. Parlons du scarabée bleu.

— Oh, Anicha, tu me fais tant plaisir ! Merci d'accepter !

— Mais je ne veux pas que l'on parle de moi. Je préférerais plutôt que soient évoqués l'épidémie, la peur, la misère, l'enlisement général. Ce serait une sorte d'exutoire pour permettre à chacun de se décharger de ses angoisses et de craintes trop pesantes.

Pour la première fois depuis des semaines, la jeune fille parlait avec une sagesse inhabituelle. Dasine voyait se réaliser ce qu'elle avait tant espéré.

— Ensuite, on pourrait faire un autre tableau sur lequel projeter nos espoirs et nos rêves en imaginant un nouveau monde, lavé de toute maladie et de toute souffrance. Ce serait une utopie vers laquelle tendre, à laquelle se raccrocher. Plus nous serons nombreux à avoir des pensées constructives, plus nous ferons appel à l'émerveillement, plus ce monde aura de chance d'émerger.

— Je ne peux rien ajouter, Anicha, si ce n'est que j'approuve complètement tout ce que tu viens de dire, répondit Dasine, de toute évidence émue par les paroles éclairées de sa jeune amie.

À partir de ce moment-là, Dasine, qui gardait l'initiative du projet selon le souhait d'Anicha, donna les nouvelles directives aux différentes équipes. Il s'ensuivit des débats agités, durant jusque tard dans la soirée, sur les choix à opérer concernant les rêves à illustrer, les représentations à mettre en avant ou les couleurs à mélanger. Mais toutes ces discussions, même passionnées, étaient basées sur le respect. Personne ne perdait de vue la finalité des échanges. Il s'agissait de faire naître un art monumental qui porterait un message peu banal.

Anicha retrouvait peu à peu de l'allant. Mais elle sentait bien que son humeur était changeante. Plusieurs fois dans la journée, elle pouvait être prise de migraines. Mais le plus souvent, une sorte de spleen s'emparait d'elle sans raison apparente. Alors elle partait aussitôt à l'avant du bateau, pour attendre que cela passe, et reprenait ensuite le cours de sa vie. Elle constatait que la fréquence de ses flashs diminuait à mesure qu'elle changeait ses pensées. Le scarabée bleu l'avait encore une fois mise sur la bonne voie. Visiblement, la traversée de la Méditerranée lavait les cœurs lourds et les esprits embrumés.

Colet' s'amusait à voler au-dessus de *L'Angélique*, aux côtés des oiseaux de passage qui migraient vers le sud. Cigognes et grues cendrées, au port noble et gracieux, grives musiciennes ou palombes. Dans le ciel, toutes faisaient connaissance avec ce perroquet, une espèce que les oiseaux découvraient, pour la plupart. Ragaillardie par ces rencontres et ces discussions aériennes, Colet' redescendait ensuite retrouver les humains. Devenue la mascotte du bateau, elle appréciait chaque jour son nouveau statut. Même les hommes de l'équipage venaient la caresser ou tendaient leurs bras pendant leurs moments de pause pour accueillir l'oiseau et lui parler. Elle roucoulait, passant d'épaule en épaule, défilant fièrement, tout en restant discrète pour ne pas tout dévoiler de son don de la parole. Depuis le poème qu'elle avait clamé à Falma, Liame et Hector, elle n'avait pas renouvelé l'expérience. Quant aux jumelles et à leurs compagnons, ils restaient invisibles le jour, et il en serait ainsi jusqu'à la fin du voyage.

C'est le matin d'un 29 février que le voilier atteignit son but, après plusieurs semaines de traversée. *L'Angélique* passa tout près de l'île de Pharos, là où s'élevait autrefois le phare d'Alexandrie, puissant symbole. Puis elle accosta enfin dans le port d'Alexandrie, à l'ouest du delta du Nil. Certains passagers étaient heureux d'entamer un nouvel épisode de leur existence, d'autres, en revanche, éprouvaient une sorte de nostalgie à l'idée que la croisière se termine. On laissait parfois derrière soi des amitiés fortes. Tous remercièrent le capitaine maltais de les avoir menés sains et saufs à bon port. Quelle était la suite du périple ? Peu le savaient. L'Égypte était pour eux un pays mystérieux et intimidant. Quelques familles frémissaient à l'idée d'arriver dans une ville où personne ne les attendait. Où dormir avec des enfants en bas âge, où manger, où trouver un travail ? Tant d'interrogations se bousculaient dans leurs têtes. Pendant la durée de la traversée, absorbés par la création de la tenture, la plupart avaient repoussé le moment fatidique de réfléchir à ces questions fondamentales.

Dasine, Léon, Ottor, Anicha et Colet' saluèrent les marins et les personnes avec qui ils avaient sympathisé. Anicha aperçut au loin les jumelles aux côtés d'Hector. Elle détourna son visage pour ne pas croiser leur regard, soulagée de passer à autre chose. Elle était partie pour l'Égypte en étant sous l'influence de Falma et Liame. Elle y arrivait métamorphosée. Ses véritables amis de Marrakech étaient à ses côtés. Elle s'était aussi prise d'affection pour Ottor, ce grand homme fin qui cachait derrière ses petites lunettes rondes une pudeur certaine et une grande délicatesse, s'adressant toujours à elle comme à une princesse. Ce dernier avait pris le temps d'écrire une longue lettre à Mina et à Tahar, pour leur exposer la situation. Il espérait trouver rapidement un guide se rendant au Maroc, auquel il aurait pu remettre la lettre destinée aux parents d'Anicha.

Léon et Ottor soulevèrent Dasine dans sa chaise. Un groupe d'hommes s'était spontanément proposé de porter deux malles dans lesquelles étaient contenus la tapisserie et les lainages. Les métiers à tisser qui avaient été fabriqués à bord étaient volumineux. Il fallait trouver un lieu sûr pour conserver le tout. Deux tableaux, chacun de deux mètres sur quatre, avaient vu le jour. Sur le premier se détachait sur fond noir la grande Cité au milieu du désert, quelques oasis étaient représentées tout autour ainsi qu'une fumée verdâtre au-dessus de la ville. Encerclant la ville, des monstres et des menaces de toutes sortes avaient pris forme. Sur le second apparaissaient le port de Tanger, face à l'Espagne, et le voilier qui quittait les côtes. La mer, de différentes teintes de bleu, occupait presque toute la surface de l'œuvre. La légende du scarabée bleu n'avait pas eu le temps d'apparaître. La confection de ces deux premiers tableaux avait pris plus de temps que prévu. Dasine avait promis à tous de poursuivre, d'une façon ou d'une autre, cette grande fresque pour que, un jour, elle puisse être exposée dans un lieu public et révèle son message. Au dos, tous les artistes avaient représenté quelque chose qui les définissait : un animal totem, une croix ou un objet. Beaucoup, illettrés, avaient été bien incapables de signer de leur nom. Mais ils avaient tous mis un peu d'eux-mêmes dans cette œuvre, qui prolongeait le souvenir d'une traversée inoubliable.

Anicha laissa les autres la devancer. Elle se retourna pour regarder l'endroit où avait été édifié le phare d'Alexandrie. Ce dernier lui signifiait qu'elle était au bon endroit pour poursuivre sa mission. Elle pressentait que cette terre d'Afrique à la chaleur torride allait lui révéler de nouveaux messages. Du sol sableux et chaud, cette sensation montait en elle, et se diffusait dans tout son corps. Elle en eut un frisson. Elle était prête. Elle aurait seulement aimé que Simon soit là, à ses côtés, en cet instant. Il lui manquait. Enfin, elle se l'avouait.

22

Le long du Nil

La petite équipe ne voulait pas s'attarder à Alexandrie. Cela ne faisait pas partie du programme. Et puis Dasine souhaitait fuir les grandes villes. En ces temps d'épidémie, elle recommandait la prudence. Rester éloigné des concentrations de population semblait plus raisonnable pour quelques semaines encore.

Léon chercha des porteurs et des guides disponibles pour les aider. Pour une somme dérisoire, trois d'entre eux acceptèrent de conduire Dasine à dos d'âne. Deux chameaux transporteraient les bagages. Anicha, Ottor et Léon, quant à eux, n'avaient qu'une envie : marcher. Privés pendant des jours de cette activité naturelle à bord de *L'Angélique*, ils trépignaient d'impatience. Léon annonça qu'ils allaient rejoindre le Nil puis le remonter en bateau, à la recherche d'un endroit propice pour séjourner quelque temps. Quatre heures seulement étaient nécessaires pour atteindre le fleuve.

Pour naviguer sur le Nil, symbolisé par une fleur de lotus, on disait qu'il valait mieux suivre la sève de la longue tige pour aboutir à sa fleur épanouie, le delta. Mais, depuis le début, la petite troupe ne faisait rien comme tout le monde et elle était bien déterminée à remonter le fleuve au lieu de le descendre.

Un des porteurs les mena, aimablement, jusqu'à l'un de ses amis, propriétaire d'une felouque. Cette petite embarcation, avec son unique voile blanche en forme de trapèze, contrastait avec *L'Angélique*. Après avoir chargé les bagages et les malles de la tapisserie, il restait tout juste une place pour chacun. Le propriétaire du bateau, fier du seul bien qu'il possédât, était heureux d'en faire profiter ceux qu'il qualifiait de touristes. Il n'avait pas de famille et vivait sur l'eau toute l'année, modestement. Ne connaissant pas le Maroc, il voulait tout savoir de ce pays éloigné, appartenant pourtant au même continent. Il avait pour signes distinctifs les deux dents de devant écartées, les dents de la chance, bien visibles quand il souriait, et des yeux vairons, qui faisaient de lui un homme reconnaissable où qu'il aille. À son passage, les gens le saluaient en lui criant : « Salut, Ramsès ! Viens boire un verre à la maison ce soir ! », ou encore : « Hey, Ramsès, tu vas où cette fois ? Tu m'emmènes demain au marché de l'autre côté de la rive ? » Ramsès n'était pas son vrai prénom. Il se l'était donné pour plaire aux touristes, avides de découvrir les secrets des pyramides et du plus célèbre des pharaons, Ramsès II. Finalement, tout le monde dans la vallée appréciait ce guide qui osait jouer avec le passé de son pays. D'ailleurs, son audace avait aussitôt fait grimper sa popularité. Anicha et ses amis n'auraient pu mieux tomber. Cependant, Dasine, Léon et Ottor ne perdaient pas de vue leur objectif : mettre enfin la main sur la femme balafrée.

Pour l'heure, ils avaient devant eux un paysage d'un charme unique. Des papyrus hauts de quatre mètres poussaient à profusion le long du Nil, des pêcheurs maniaient de grands filets sur l'autre rive. La présence d'autres felouques dénotait une certaine activité commerciale. À bord de certaines d'entre elles, on pouvait apercevoir du bétail. D'autres transportaient de grandes jarres, qu'Anicha s'imaginait contenir des grenades. Elle salivait à l'idée d'en manger bientôt. Cela lui rappelait tant son oasis.

Des hommes, debout sur une grande planche, ramaient tranquillement. Des habitations modestes étaient disséminées le long du fleuve, appartenant sûrement à des pêcheurs du coin. Les plantations de bananiers donnaient à la vallée une beauté verdoyante et apaisante. En ce début mars, une chaleur affirmée montait déjà d'heure en heure.

Émerveillée par ce décor sublime, Anicha regardait de tous côtés. Soudain, elle aperçut au bras du guide un bijou qui scintillait au soleil. Elle se leva pour rejoindre les deux hommes qui, à l'arrière du bateau, tenaient le gouvernail. Ils se poussèrent pour lui laisser une place. De là, elle avait tout loisir d'observer ce bijou dont elle ne pouvait détacher le regard. Le bracelet, en or, présentait en son centre une pierre taillée d'un bleu profond. Plus de doute ! La pierre, un lapis-lazuli, représentait… un scarabée ailé ! Anicha interrogea son propriétaire.

— Votre bijou est très beau ! J'ai l'impression qu'il s'agit d'un scarabée. C'est bien ça ?

— Oui, bien sûr !

— Comment ça ? Est-ce si évident ? renchérit Anicha.

— Enfin, tu es au pays du scarabée ici, jeune fille !

— Au pays du scarabée ? Ah bon, mais pourquoi ?

— Oh, quelle aubaine ! J'adore quand on me pose des questions à son sujet ! Ici, le scarabée, qu'on appelle Khépri, est associé au soleil et à la terre. C'est l'animal sacré par excellence en Égypte. Au petit matin, sur les bords du Nil, il confectionne, avec la bouse des animaux, une boule régulière. C'est incroyable, aucun autre animal ne sait faire une boule aussi parfaite ! C'est comme s'il poussait le soleil ! C'est la raison pour laquelle, pour nous les Égyptiens, il représente le soleil levant.

Anicha esquissa un sourire rieur en imaginant que son scarabée jouait avec les bouses de vache. Il ne pouvait se trouver ici et se rabaisser à une telle tâche ingrate…

— Pourquoi ris-tu ? lui demanda Ramsès, légèrement vexé. On ne se moque pas du scarabée sacré. C'est un animal royal pour nous, les Égyptiens. Il est vénéré, tu lui dois le respect.

— Excuse-moi, Ramsès. Je comprends. Et dis-moi, où est-ce qu'on peut l'apercevoir, ce scarabée ?

— Là, il est trop tard. Mais demain matin, si tu veux, et si tes amis sont d'accord, je te montrerai où on peut le trouver.

En même temps qu'il parlait, il tourna la tête vers Léon pour recueillir son approbation. À son tour, Léon chercha le regard de Dasine. Elle restait celle qui donnait le cap. Cette dernière acquiesça en souriant. Elle aurait bien aimé, elle aussi, voir l'insecte dont elle avait tant entendu parler.

Puis Ramsès changea de sujet. Il expliqua que le Nil fertilisait les terres et apportait ainsi l'abondance à toutes les populations environnantes. On pouvait apercevoir des champs de tailles différentes dans lesquels étaient cultivés du blé, de l'orge ou du coton. C'était la période de la moisson. Hommes et femmes étaient penchés sur leurs terres, absorbés dans leur travail. Cette scène rappela vivement à Anicha ce qu'elle voyait du haut de son toit-terrasse dans la vallée du Dadès, au Maroc : ses parents, Mina et Tahar, travaillant des journées entières dans les champs pendant qu'elle dévorait des livres.

Le soir, Ramsès n'eut aucune difficulté à trouver où loger ses voyageurs. Les opportunités ne manquaient pas le long du Nil. Ils firent halte dans la petite ville d'Ashmun. Là, un couple d'habitants que Ramsès appréciait particulièrement leur ouvrit les portes de sa maison, bâtie à quelques mètres de l'eau. Comme le couple avait eu de nombreux enfants, tous partis vivre au Caire, la construction était assez grande pour loger tout le monde. Et ils étaient fiers d'offrir l'hospitalité à des inconnus. Léon et Ottor auraient aimé discuter des heures avec eux et les questionner sur leur façon de vivre. Mais Dasine et Anicha montraient des signes de grande fatigue. Si bien que vers vingt-deux heures, après un repas simple composé principalement de courgettes farcies et de brochettes d'agneau, tout le monde dormait déjà.

À sept heures le lendemain, Anicha était déjà habillée et prête. Elle n'avait pas oublié la proposition de Ramsès de l'emmener voir le scarabée. Elle avait hâte de voir s'il était bleu. Elle entendit les autres s'agiter. Dasine, dans les bras de Léon, apparut dans la pièce, l'œil impatient. Elle voulait voir la petite bête elle aussi. Quand tout le monde fut au complet, Ramsès les mena à dix minutes de là, près de l'eau. Ce qu'ils avaient sous les yeux était grandiose : le soleil se levant sur le fleuve, les reflets sur l'eau, la rosée dans les herbes hautes, le ciel parcouru de traînées blanches, la chaîne de petites montagnes derrière les champs, tous les êtres vivants s'éveillant à la vie, à l'instant même, à ce jour qui recommençait, unique et éternel à la fois. Ramsès montra au loin quelque chose qui bougeait lentement à la surface de l'eau. Il s'agissait de quelques têtes de crocodiles. Il n'était pas rare d'en voir dans la vallée. Dasine, interloquée, demanda s'ils étaient dangereux. Ramsès se montra aussitôt rassurant. Ils étaient inoffensifs si on ne s'approchait pas d'eux...

La troupe longea le fleuve pendant quelques minutes. Ramsès avait pour habitude de ne pas porter de chaussures. Il aimait enfoncer ses pieds nus dans l'herbe fraîche, même en hiver. Sa peau, à force d'être à même le sol, s'était rigidifiée, à tel point que rien n'aurait pu s'y enfoncer. Il fit signe aux autres d'emprunter un petit chemin de terre à travers champs. Il se baissa ensuite, grattant légèrement le sable pour y trouver des insectes. Il ne fallut pas longtemps pour qu'il crie : « Un scarabée, venez voir ! » Anicha accourut aussitôt. Ramsès lui tendit l'insecte posé dans ses mains. Il ressemblait comme deux gouttes d'eau à son fameux scarabée. À deux exceptions près. Ses ailes n'étaient pas aussi longues et il était plus petit. Mais sa couleur était aussi bleue et argentée. Anicha aurait mis sa main au feu que celui-ci ne parlait pas. D'ailleurs, l'insecte n'avait qu'une hâte, retourner à sa boule, qu'il était en train de travailler avec grand soin dans le but d'y cacher ses œufs. Dasine observa la jeune fille et comprit immédiatement qu'il ne s'agissait pas du scarabée tant attendu. Ottor, lui, avait toujours en tête de retrouver la femme balafrée.

— Ramsès, toi qui parcours sans cesse la vallée du Nil, aurais-tu par hasard rencontré une femme avec une cicatrice sur la joue ?

— Oh, celle-là, ne m'en parlez pas ! Elle se prend pour je ne sais qui. Si on parle bien de la même personne. Les rares fois où je l'ai vue, elle était toujours habillée en violet. Une vraie horreur cette couleur sur elle !

Visiblement, le sujet ne l'intéressait pas. Il préférait évoquer la magie de sa vallée. Il avait l'intention de mener ses visiteurs, dès l'après-midi, dans sa pyramide préférée, celle de Khéops sur le plateau de Gizeh.

— Mais où l'as-tu vue exactement, cette femme en violet ?

— Je dirais qu'elle a navigué sur ma felouque il y a un mois environ. Elle venait, comme vous, du Maroc. Elle tenait à aller au Caire. Ses mains tremblaient d'impatience. Elle était tellement étrange ! Je me sentais mal à l'aise en sa présence. Elle serrait fort un sac contre elle, j'avais l'impression qu'elle avait peur que je le lui vole. Mais pour rien au monde je ne me serais approché des affaires sales de cette femme ! Je l'ai laissée à proximité de sa destination. Mais pourquoi rechercher une personne qui a si peu d'intérêt ?

— Oh, c'est une vieille histoire. Disons qu'elle nous a volé quelque chose à quoi nous tenons beaucoup. Ce n'est pas vraiment un hasard si nous sommes dans ton pays. Nous aimerions récupérer ce qui nous appartient.

Ottor parlait comme si c'était sa propre fleur qui avait été volée. Il était si attaché à Anicha, à ses parents et à ses amis qu'il s'engageait dans ce voyage comme si sa propre vie en dépendait. En l'écoutant, Anicha se remémora, à travers une série de flashs, le soir où elle avait découvert la disparition de la pivoine. Tout à coup, tout lui revint en mémoire : les retrouvailles avec les gens du village dans l'oasis, la fête chez le sage, sa mère si heureuse à ses côtés, son père si fier… Puis, soudain, le trou noir, l'absence de Tahar et de Simon, partis à la recherche de la fleur… Les derniers morceaux du puzzle s'assemblaient dans son cerveau. Au fur et à mesure de la conversation qu'Ottor entretenait avec le guide, elle écarquillait les yeux, surprise de ressentir de nouveau toutes les émotions dont elle avait été privée depuis la perte de sa pivoine. L'expression de son visage n'avait pas échappé à ses amis. Léon lui demanda si elle allait bien.

— Oh, mes amis, je vais très bien. Figurez-vous qu'en écoutant Ottor, je me suis souvenue de ce qui s'est passé avant notre départ. Les jumelles, Liame et Falma, m'ont entraînée en Égypte, mais ce n'est pas la vraie raison de ma venue. Nous sommes tous réunis ici pour retrouver cette femme terrifiante !

Dasine se mit à rire sans raison, et les autres l'imitèrent. S'il y avait eu de la musique, c'est sûr, ils auraient dansé. Ils retrouvaient la fille qu'ils avaient tant aimée dans la grande Cité. Et Ottor, subjugué, découvrait toute la beauté intérieure d'Anicha. Ce qu'elle dégageait était exceptionnel. Un seul d'entre eux restait en retrait, Ramsès, qui ne pouvait pas comprendre cet engouement soudain.

Anicha mit fin à ce moment suspendu :

— Je vous en supplie, dites-moi tout de Simon. Il revient fréquemment dans mes pensées. Je me souviens maintenant de la violence de son cri dans le désert. Je me suis évanouie, et ensuite il m'est sorti de la tête, je ne comprends pas encore pourquoi.

Simon aurait été ému de savoir qu'Anicha, celle qui l'avait ignoré un mois plus tôt, parlait de lui avec un vif intérêt. De son côté, il sortait de son coma au prix de beaucoup d'efforts. Sa jambe restait paralysée, mais le médecin l'obligeait à marcher un peu chaque jour avec des béquilles pour s'entraîner. Jay lui avait fait part de ses interrogations face aux anneaux qui entouraient sa blessure. Quant au médecin, il avait mené des recherches de son côté sans rien trouver de tangible scientifiquement. Simon n'avait pas paru étonné d'apprendre qu'Anicha, dans son carnet, avait écrit un passage sur Selek et les blessures qu'il infligeait. Il ne voyait pas l'utilité d'en savoir plus. Il détenait la vérité. Selek avait voulu l'empêcher d'être aux côtés d'Anicha. Il souhaitait plus que tout pouvoir préserver la sécurité de sa protégée, où qu'elle soit, et mettre tout en œuvre pour la rejoindre, mais il était dans l'incapacité de voyager. Son corps le rappelait à l'ordre tandis que son esprit hurlait d'être ralenti de la sorte.

23

La pyramide de Khéops

Les jours suivants, Anicha et ses amis restèrent à Ashmun. Dasine ressentait quelques douleurs lancinantes dans le bas du dos, et Léon, par prudence, ne voulait pas lui infliger la fatigue d'une nouvelle étape dans leur voyage.

Même si tout le monde trépignait d'impatience à l'idée de voir les pyramides, la solidarité l'emportait. Ainsi, ils vivaient au rythme de leurs hôtes, Agan et Zoubeida. Ramsès, lui, était reparti sur le fleuve, promettant de repasser dans trois ou quatre jours pour prendre des nouvelles.

En quelques mois, Anicha avait changé d'apparence. Elle avait grandi, son corps restait élancé, mais la candeur de son visage avait peu à peu laissé place aux traits affirmés d'une femme. Avec l'aide de Dasine, elle avait fait le tri dans sa garde-robe et s'était débarrassée des robes de Liame et de Falma. Désormais, elle préférait emprunter les caftans colorés de Dasine.

Huit jours passèrent sans que personne s'en aperçoive. Les premiers signes du printemps arrivaient. Dans l'air, il y avait une brise particulière, un mélange d'odeurs épicées et de bourgeons qui créaient un parfum délicat. De retour, Ramsès leur fit remarquer que cela faisait déjà plus d'une semaine qu'ils étaient en Égypte. Le groupe semblait conquis par cette terre d'asile. Ils s'y étaient faits avec une facilité déconcertante. Dasine allant beaucoup mieux, Léon décréta qu'il était temps pour eux d'aller visiter la pyramide.

Agan, passionné de chevaux, possédait quelques pur-sang. La plupart avaient une robe blanche ou tachetée de noir. Ils avaient une autre allure que les braves mulets ! Il accepta de prêter ses bêtes à Léon et Ottor, des cavaliers chevronnés. Ramsès était lui aussi très à l'aise sur un cheval. Dasine prit place derrière son mari, en amazone. Anicha, derrière Ottor, avait hâte de découvrir le galop. À dix heures ce matin-là, les chevaux s'élancèrent en direction du plateau de Gizeh.

Une heure à peine leur suffit pour parvenir sur la rive gauche du fleuve. La troupe ralentit en apercevant une gigantesque pyramide de cent trente-neuf mètres de haut à faces lisses. Elle donnait l'impression d'avoir surgi de terre en un seul bloc. Avec sa pointe tendue vers le ciel, elle imposait le respect et le silence. Ramsès, excité comme un enfant qui la verrait pour la première fois, avait envie de conduire ses visiteurs à l'intérieur. La fin de matinée était le meilleur moment de la journée, à cette période de l'année, pour aller à la rencontre de ce monument très prisé. Un guide, pour une raison inconnue, paraissait moins insistant que les autres. Il s'approcha du petit groupe.

— Bienvenus à la pyramide. Vous avez besoin d'une aide, peut-être ?

Ramsès intervint aussitôt.

— Non merci, je suis leur guide.

— Ah, très bien. Mais faites attention ! Depuis plusieurs semaines, il se trame des choses étranges à l'intérieur. J'ai aperçu une femme bizarre qui s'est engouffrée dans la galerie. Nous avons été plusieurs à la chercher, sans réussir à la trouver.

Depuis, les touristes nous disent qu'ils entendent des cris et des chuchotements. Certains d'entre eux sont ressortis effrayés, croyant que la pyramide était hantée. Cela nous a fait bien rire sur le moment. Mais, finalement, nous sommes inquiets. Cette femme peut faire n'importe quoi à l'intérieur, et détériorer le bâtiment. Si elle reste à l'intérieur, c'est qu'elle a quelque chose à cacher. Si vous la voyez, surtout, sortez et venez m'avertir. Je préviendrai la police. J'aime cet endroit plus que tout et je ne laisserai personne le saccager.

— Et dis-moi, cette femme n'était-elle pas vêtue de vêtements violets par hasard ? demanda Ottor.

— Effectivement, je pourrais justement grâce à ça la reconnaître entre mille ! Mais ce n'est pas tout, elle a reçu un drôle de coup sur la joue. Avec cette cicatrice, impossible de la rater !

Les autres se regardèrent. Ils étaient à deux doigts de remettre la main sur cette harpie.

Ils allaient pénétrer par une entrée minuscule creusée dans la face nord, quand l'homme reprit la parole.

— Votre oiseau n'a pas le droit d'entrer.

— Mais enfin, il est obéissant, il ne bougera pas de mon épaule, renchérit Anicha.

— Non, c'est impossible. Il doit vous attendre ici.

Colet', de sa patte, signifia à la jeune fille que ce n'était pas un problème. Mieux, elle lui chuchota à l'oreille qu'elle veillerait alentour. Anicha posa l'oiseau sur une grosse pierre près de l'entrée, l'embrassa sur son aile douce, avant de s'avancer pour rejoindre les autres. Ils se trouvaient devant une galerie profonde et sombre. Pour pénétrer dans le long couloir où seuls quelques flambeaux illuminaient le parcours, Léon et Ottor se voûtèrent pour ne pas se cogner la tête. L'exercice était d'autant plus périlleux qu'ils portaient Dasine, installée sur ce qui ressemblait à un trône.

Pendant quelques minutes, ils avancèrent à pas lents, essayant d'habituer leurs yeux à l'obscurité. Ramsès leur indiqua qu'ils allaient bientôt emprunter une galerie sur la gauche. « Le Chemin de la Lumière », comme il l'appelait, allait les mener dans la salle du sarcophage, « La Maison de l'Or ». Le pharaon Khéops y reposait, en présence de toutes ses richesses. Mais le guide fut rapidement interrompu dans ses explications historiques par des échos au loin, puis par des murmures. Dasine en eut la chair de poule.

Le tunnel descendait avant de remonter quelques mètres plus loin. Il fallait rapidement faire une pause, car Ottor et Léon avaient des crampes dans les bras. Mais Ramsès voulait éviter de s'attarder dans ce couloir suffocant. Au loin, on apercevait une lueur. Ramsès accéléra le pas, suivi en cela par le reste du groupe. Les bruits devenaient plus distincts à mesure qu'ils avançaient, sans qu'ils puissent déterminer quelle en était la source, entre gémissements, petits sons sourds et cris étouffés. Tandis qu'ils s'efforçaient d'atteindre le bout du couloir le plus vite possible, ils ne s'aperçurent pas qu'Anicha n'était plus derrière eux. À quelques pas d'eux, dans le mur de droite, il y avait eu une bifurcation, quasiment impossible à déceler. Mais Anicha y avait perçu un bruit, comme si quelqu'un l'appelait par son nom et, imprudente, elle n'avait pu résister à la curiosité de s'y engouffrer. Dans la pénombre, elle sentit quelque chose se poser sur son épaule. Saisie par la peur, elle ne bougea plus, arrêta de respirer. Soudain, elle entendit :

— C'est moi, le scarabée. Ne t'en fais pas, tu es en sécurité. Avance droit devant.

Elle s'exécuta, ne maîtrisant plus la situation, mais avec la sensation puissante qu'elle ne craignait plus rien.

Au loin, elle entendait déjà ses amis l'appeler. Il était trop tard, elle était en compagnie de son insecte. Elle suivit ses conseils, marcha plusieurs minutes d'un pas plus assuré, puis tourna dans une galerie. Enfin, le scarabée lui dit de soulever une trappe.

Un escalier tout éclairé s'offrait à ses pieds. Elle l'emprunta et s'enfonça dans le sol. Et là, quelle ne fut pas sa surprise : une pièce de vingt mètres carrés, illuminée par des flambeaux, était envahie de petites bêtes, toutes plus colorées les unes que les autres.

Il lui fallut un peu de temps pour réaliser ce qu'elle avait sous les yeux. Jamais elle n'avait vu autant d'insectes rassemblés en un même lieu, si ce n'est dans le panier de la femme balafrée, sur la grande place de Marrakech. Mais cette fois, ce nombre était multiplié par dix, vingt ou bien plus encore. Elle aurait été bien incapable de dire combien il y en avait. Ils ne volaient pas, ils l'observaient. Au centre était dressé un pic surmonté d'un plateau. Le scarabée bleu y avait pris place, pour être au cœur de ce qui pouvait ressembler à une assemblée. La jeune fille eut l'impression soudaine d'être une géante, une sorte de Gulliver parmi de minuscules êtres.

Elle ne pensait plus à la troupe qui devait la chercher dans l'enchevêtrement de galeries de la pyramide. Absorbée par la scène, elle s'assit sur une marche et écouta attentivement le scarabée, qui prit la parole du haut de son piédestal.

— Nous sommes heureux de t'accueillir dans l'une de nos cachettes, Anicha. C'est un honneur pour nous. La femme balafrée rôde autour et à l'intérieur de la pyramide depuis des semaines. Elle a déjà volé ta fleur, maintenant elle veut le Livre de la Terre, celui où nous consignons nos réflexions sur le monde pour éveiller les consciences. Mes prédécesseurs y déposaient leurs idées, j'ai fait de même. Et ceux qui prendront ma place par la suite perpétueront le procédé. Ce livre existe depuis la nuit des temps. Ce que les hommes ne savent pas, c'est que nous étions sur cette terre bien avant eux. Que nous savons comment le monde tourne, ou devrait tourner. C'est la raison pour laquelle chacun de nous est appelé à rejoindre une personne de ton espèce, pour l'éclairer sur son chemin, par différents degrés d'initiation. Nous sommes des guides, nous aidons les femmes et les hommes à retrouver la pureté de leurs intentions, à œuvrer pour le progrès de l'humanité. Et le fennec, Naj ou Colet' sont nos messagers. Mais tu sais déjà tout cela, n'est-ce pas !? Je te rappelle tout ceci parce que, comme je te l'ai dit avant que tu ne partes pour l'Égypte, nous avons besoin de toi. J'ai besoin de toi. Les hommes sont devenus sourds à mes messages. Ce n'est qu'avec ton aide que je pourrai de nouveau atteindre leurs cœurs meurtris. Ils se sont coupés d'eux-mêmes. Ils détériorent les terres. Dans les villes, ils se battent sans aucun but que celui de perdre du temps. Ils passent à côté de leur vie, sans aucune conscience des merveilles qui les habitent. Mes équipes ne suffisent plus à les éclairer. Anicha, es-tu prête à m'aider ?

Anicha buvait les paroles du scarabée. Elle percevait toute la lassitude dans ses propos.

— Bien sûr. Je ne sais pas encore comment, mais je suis sûrement ici pour que tu m'en dises davantage.

— Oui, après un détour dans ta partie sombre, tu es revenue à toi, ou plutôt tu as accédé à un stade supérieur de ton apprentissage. Ce que tu as traversé avec la perte de ta pivoine n'était autre qu'une épreuve pour que tu renaisses à toi, sans fonder ta force sur une fleur qui pouvait disparaître à tout moment. Tu as cru mourir sans elle, mais tu as su te libérer de son pouvoir. Tu peux te construire sans elle maintenant. Elle est en toi, c'est ça le secret. Tu n'as plus besoin de la voir pour sentir toute son essence. C'est exactement ce que la harpie n'a pas compris. Accrochée à cette fleur qui ne lui appartient pas, elle passe à côté de la vérité. Elle seule peut trouver la sienne. En s'emparant de la fleur de quelqu'un d'autre, elle ne se dote pas de ses pouvoirs magiques, mais vit désormais dans l'angoisse de la perdre, dans l'obsession de la vieillesse, ou je ne sais quel démon qui hante les humains. La plupart sont torturés par la recherche d'une forme de paix et de bonheur, qu'ils croient pouvoir trouver ailleurs, alors qu'ils l'ont déjà en eux ! Tu sais, les enchaînés ne voient pas leurs chaînes… Grâce à toi, nous allons maintenant aller plus loin dans notre mission, celle d'aider les humains à y voir plus clair en eux. Tu verras, cela se fera naturellement. En attendant, nous devons sortir d'ici. Ta venue va encourager notre départ.

— Où est ce fameux Livre de la Terre dont tu parles ? demanda Anicha.

— En fait, il ne s'agit pas d'un livre, mais de milliers de livres ! Tu imagines tout ce que nous avons écrit depuis des siècles ? Ils sont dans des galeries, en dessous de cette pièce, à l'abri. La sorcière ne les trouvera jamais. On ne peut y accéder que par des petits trous dans lesquels seuls des insectes peuvent se glisser. Là n'est pas mon inquiétude.

— Que redoutes-tu alors ? demanda Anicha, les sourcils froncés.

— L'épidémie qui a démarré à Marrakech est en train de gagner du terrain. Tanger est contaminée.

Elle ne lui laissa pas le temps de poursuivre.

— Tanger ? Mais Simon est là-bas, dans un hôpital, blessé par un scorpion !

— Simon est protégé, ne t'en fais pas, il s'en sortira quoi qu'il se passe. Mais il n'y a pas que l'épidémie. Le scorpion Selek m'inquiète aussi. Depuis cet épisode, je n'ai pas entendu parler de lui. J'espère qu'il ne mijote pas quelque chose.

— Et mes parents qui sont dans le désert ? Et tout le village de la vallée ? Que vont-ils devenir ?

— Pour l'instant, ils sont épargnés. Ils ont reçu l'ordre de ne plus accueillir d'étrangers et de vivre en autarcie, le temps que les choses se calment. Si les événements devaient mal tourner, compte sur moi, je ferais le nécessaire pour qu'ils aient le temps de fuir. Mais, pour l'instant, le danger reste circonscrit dans les villes.

— Et vous allez rester dans cette pyramide ?

— Non, justement. Je suis las de fuir cette sorcière. Tu vois là-bas ?

— Non, quoi exactement ?

Le scarabée ouvrit l'aile droite pour pointer des insectes au premier rang.

Anicha regarda plus attentivement pour voir de quoi il s'agissait. Un autre scarabée était mêlé à la foule. D'une taille légèrement inférieure à celle du scarabée bleu, mais doté d'antennes plus grandes, et d'un bleu-vert tirant plus vers la couleur émeraude, il avait à ses côtés deux autres scarabées plus petits. Ces scarabées miniatures attendaient bien sagement la suite de la phrase… de leur père.

— Anicha, je te présente ma famille, ma compagne et mes deux enfants. Maintenant, je ne suis plus seul. C'est pourquoi j'ai encore plus besoin de toi. Je veux épargner toute cette tribu d'insectes, en plus des miens. Nous ne pouvons rester reclus ici plus longtemps. Mes enfants ne sont plus protégés. Je veux les emmener dans un endroit où je sais qu'ils seront à l'abri et d'où je pourrai poursuivre ma mission.

— C'est vrai, tu as une famille alors ? s'exclama la jeune fille. Elle n'en revenait pas de savoir que le scarabée bleu avait deux enfants, et même une chérie !

— Oui, j'ai cette grande chance d'avoir donné la vie. Mais, en même temps, j'ai découvert la peur, qui m'était inconnue jusqu'alors. Cette peur terrassante à l'idée qu'il pourrait leur arriver quelque chose. Depuis, je vous comprends encore mieux, vous les humains. Je sais ce que vous ressentez, je sais pourquoi vous pleurez, vous riez, vous… aimez.

Un silence absolu régnait au sein de l'assemblée. Tout le monde écoutait. Le scarabée bleu avait toujours pris la parole dans des moments solennels, pour donner des indications, soutenir, réconforter ou donner de l'espoir. Aujourd'hui, pour la première fois, en se livrant, il montrait qu'il pouvait lui aussi être vulnérable, comme tout être vivant sur cette terre. Il n'en serait que plus respecté.

Mais l'heure n'était pas aux sentiments. Selek, le scorpion, était dans la nature, la sorcière arpentait les couloirs au-dessus de leur tête. L'épidémie ravageait le Maroc et allait peut-être contaminer les pays frontaliers.

Il demanda à tous les insectes de se mettre en ordre de marche. Il fallait quitter les lieux, se disperser, pour déconcerter l'ennemi, comme ce fut le cas à Marrakech. Ainsi, la femme balafrée s'épuiserait à ne pas trouver ce qu'elle cherchait. Certains insectes allaient retourner dans la grande Cité, aux côtés de jeunes érudits, afin de les aider à inventer un remède puissant pour stopper l'épidémie. D'autres se chargeraient de retrouver Selek. Quant à la famille du scarabée, il était urgent de la mettre à l'abri. Et le coléoptère avait un plan, évidemment.

24

L'exil

Anicha entendait les voix de ses amis inquiets. Elle imaginait déjà Dasine en pleurs. Elle supplia du regard le scarabée bleu de la mener jusqu'à eux. Mais avant qu'il ne la guide vers la sortie, il prit une dernière fois la parole.

— Je vous demande de vous disperser. Partez par petits groupes à travers les galeries, ne vous faites pas repérer. Je vous donne rendez-vous à la source dans quelques jours. Je vous y retrouverai avec ma famille. Certains parmi vous doivent constituer un groupe plus visible qui devra se montrer aux yeux de la femme balafrée. Il faudra l'attirer loin d'ici. Emmenez-la près du Nil. Faites-lui croire que c'est là que vous puisez votre force. Pendant ce temps, les autres auront le temps de s'échapper. Ils trouveront un endroit calme pour se ressourcer et retrouver de la puissance, avant de se disperser de nouveau à la recherche d'humains à aider. Anicha, toi aussi tu vas aller à la source.

— Pardon ?! Mais de quelle source parles-tu ?

— Une source que l'on ne trouve que dans une oasis, loin d'ici, l'oasis de Siwa. C'est l'un de nos multiples refuges.

— Mais… Nous avions l'intention de nous poser à Ashmun. Nous y sommes si bien. Et comment annoncer à mes amis qu'il faut repartir ?

— Tu n'auras aucune difficulté à convaincre Dasine. Colet' va t'aider. Léon écoutera Dasine et Ottor écoutera Léon. C'est aussi simple que ça.

— Mais on ne sait pas comment y aller ? Ramsès va trouver cela bizarre.

— Parle de l'oasis à Ramsès. Tu seras étonnée de sa réaction. Va, ma fille, nous n'avons plus une minute à perdre. Nous devons en finir avec cette sorcière. Elle nous a fait perdre assez de temps. Maintenant que tu as retrouvé ta vigueur, tu dois communiquer autour de toi les messages que je te délivre petit à petit. Et c'est à Siwa que ta mission va se poursuivre.

— Qu'attends-tu exactement de moi ?

— Je n'ai pas besoin de te le dire. Tu trouveras par toi-même la façon d'agir. Et ce sera la meilleure. Une dernière chose : sache que les choix que tu feras orienteront ta vie entière.

Sur ces mots énigmatiques, Anicha commença à gravir les marches de l'escalier pour retrouver la galerie qu'elle avait quittée quelques instants plus tôt. Tout en montant, elle dit un dernier mot au scarabée bleu.

— Rendez-vous à l'oasis de Siwa, c'est bien ça ?

Mais déjà, le scarabée avait disparu. Et dans la pièce, le calme solennel avait laissé place à une grande agitation. Les insectes volaient en tous sens. Même si ce spectacle donnait l'impression d'un affolement général, ils étaient de toute évidence en train d'organiser leur départ.

Le pharaon Khéops reposait à proximité, dans son sarcophage, depuis des millénaires, non loin du Livre de la Terre. Nul doute qu'il veillait sur lui, puisque chaque tome du livre sacré avait été épargné par les pilleurs au fil des siècles.

La jeune fille laissa derrière elle les petites bêtes et commença à marcher, tentant de se repérer dans le dédale des galeries plongées dans l'obscurité. Elle n'osait appeler personne de peur de se retrouver nez à nez avec la femme tant redoutée. Perdue dans le labyrinthe, elle ne paniqua pas. Si le scarabée l'avait laissée dans de telles circonstances, c'est qu'il estimait qu'elle était capable de se débrouiller seule. Sans savoir vraiment comment, tout à coup, elle aperçut au loin une lumière puissante. Elle accéléra le pas et en un instant elle se retrouva dehors, éblouie par le soleil déjà haut dans le ciel. Il lui fallut quelques minutes pour que ses yeux s'habituent à cette lumière éclatante. Aussitôt, Colet' se posa sur son épaule. Elle voulait tout savoir de ce qui s'était passé à l'intérieur. Mais Anicha n'eut pas le temps de dire un mot. Ses amis arrivaient en courant, très inquiets. Léon et Ottor posèrent la chaise de Dasine au sol et se précipitèrent vers leur jeune amie, la serrant très fort dans leurs bras. Reprenant ses esprits, elle improvisa une histoire pour justifier sa courte disparition dans la pyramide. Il lui vint alors une idée. Elle raconta qu'elle était arrivée dans une pièce décorée de hiéroglyphes et que, subjuguée par les dessins, elle avait perdu toute notion du temps et s'était ensuite égarée. Mais Dasine, qui commençait à connaître le monde du petit peuple, ne fut pas dupe. Pourtant, elle préféra se taire. L'heure était malvenue pour dévoiler le secret du scarabée bleu. La femme balafrée n'était pas loin et aurait pu tout entendre. Colet' enchaîna. Tout en battant des grandes ailes d'un gris luisant, elle avertit les autres qu'elle avait vu la femme recherchée courir à droite de la pyramide, en direction du sud. Apparemment, elle suivait une centaine d'insectes qui l'entraînaient vers le Nil.

Aussitôt, ils grimpèrent sur les chevaux et partirent à sa recherche. Anicha s'imaginait déjà tenant sa pivoine dans la main, même si le scarabée lui avait dit qu'elle n'en avait plus besoin. Au loin, ils aperçurent un autre cheval à la robe noire qui tranchait avec le paysage clair. La femme en violet le menait avec aisance. Elle l'avait sûrement volé à un vendeur ou un guide. D'où ils étaient, ils ne pouvaient voir le nuage d'insectes qui filait à vive allure devant elle. Après de longues minutes de grand galop, le cheval noir bifurqua soudain sur la gauche. Il se dirigeait sans aucun doute vers le fleuve.

Le Nil s'étirait à perte de vue de gauche à droite. Il semblait si paisible qu'on avait du mal à croire que quelque chose puisse le perturber. Des felouques avançaient lentement, quelques chadoufs, ces appareils à bascule typiques du pays, avaient été installés ici ou là pour puiser l'eau. À l'approche du fleuve, la troupe devait se faire encore plus discrète. Depuis le début, elle avait gardé une juste distance pour ne pas être repérée. Ramsès fit signe à tous de descendre de cheval en silence. Il demanda à Léon d'installer Dasine contre un arbre. Il allait veiller sur elle, tandis que Léon et Ottor, à pied cette fois, tenteraient de capturer la femme balafrée. Elle n'était plus qu'à quelques mètres d'eux, lorsqu'elle avait disparu de leur vue. Chacun l'imaginait dans un fourré, guettant les insectes. D'un regard autoritaire, Léon somma Anicha de rester avec Dasine. Colet' devait en faire autant. Mais c'était mal connaître la jeune fille, courageuse et téméraire ! Léon et Ottor partirent d'un pas rapide en direction du rivage, situé à une centaine de mètres environ. Et, aussitôt, Anicha prit Colet' sur son épaule et s'engagea dans les herbes hautes pour suivre le chemin emprunté par les deux hommes, sans prêter attention aux recommandations que lui chuchotait Dasine. Puis elles prirent la direction opposée à celle des deux hommes, car Anicha voulait récupérer elle-même sa pivoine. Pensant qu'Ottor et Léon bloqueraient la femme à la robe violette par la droite, Anicha et Colet' arriveraient par la gauche, l'empêchant de s'échapper. Il y avait le fleuve en face et, derrière, Ramsès prêt à bondir sur elle. Son sort était réglé. Ce n'était plus qu'une question de minutes. Anicha rejoignit le Nil, elle sentait toute l'énergie du courant qui montait en elle. Elle scruta l'horizon, mais ne vit aucune trace de la vieille femme. Cent mètres à peine la séparaient de ses amis. La fugitive ne pouvait se trouver que dans ce périmètre restreint.

Puis tout se précipita. La sorcière sortit soudain des fourrés qui avaient poussé à proximité de l'eau, un nuage d'insectes volant au-dessus de sa tête. La femme avait la tête relevée et tentait de les attraper. Anicha observait la scène, réalisant qu'elle avait fait tout ce voyage pour vivre cette minute précisément. Son souffle devint court. Il fallait penser rapidement pour ne pas perdre une seconde. Comment l'approcher, comment retrouver la fleur ? Toutes ces questions se bousculaient dans sa tête. C'est alors qu'elle vit la femme chercher quelque chose dans une des poches de sa robe violette. La voleuse en sortit une tige qu'elle brandit pour tenter d'attraper les insectes. Anicha cligna des yeux plusieurs fois pour être bien sûre de ce qu'elle voyait. Pas de doute, c'était bien la pivoine qu'elle secouait dans tous les sens, comme s'il s'agissait d'une tapette à mouches. Qui aurait pu croire qu'on pouvait attraper des insectes, dotés d'une intelligence et d'une dextérité plus grande encore que la moyenne, avec une pivoine ?

Colet' dit tout bas à son amie :

— C'est sûr, à force d'avancer en regardant en l'air, elle va finir par tomber dans l'eau… !

Elle ne croyait pas si bien dire. Un pas de plus, et la femme se retrouva dans le fleuve. Elle se mit à nager, sa robe formant une auréole violette autour d'elle. La femme se débattait dans l'eau, insultant la terre entière, vociférant comme si elle était envoûtée. Malgré tout, elle ne lâchait pas la pivoine. Les pétales étaient trempés, mais la fleur restait intacte comme si elle venait tout juste d'être cueillie. Ottor et Léon s'approchèrent pour tenter de l'agripper et de la sortir de l'eau. Mais ils ne furent pas assez rapides. Un crocodile de plus de deux mètres de long les devança. Il ne lui fallut que quelques minutes pour engloutir la sorcière, sous l'œil médusé d'Anicha, de Colet', d'Ottor et de Léon, qui reculèrent aussitôt. L'eau devint rouge sang, et des bouts de tissu violets flottèrent à la surface. La fugitive avait complètement disparu. Tout comme les insectes qu'elle poursuivait. Ils étaient déjà loin.

Anicha courut retrouver les deux hommes, suivie de près par Colet'. Quand elle arriva devant Ottor, elle se blottit fort contre lui. La scène, bien qu'éphémère, n'en avait pas été moins violente. Puis Léon leur cria depuis le bord de l'eau que la fleur était introuvable. En effet, elle avait elle aussi été engloutie par le crocodile, qui s'était bien vite éclipsé au fond des eaux.

Maintenant, ils étaient définitivement débarrassés de la femme balafrée. Et, alors qu'Anicha, quelques semaines plus tôt, aurait sûrement été effondrée à l'idée d'avoir à jamais perdu sa pivoine, il n'en fut rien. Elle n'avait désormais plus besoin d'elle sous cette forme. Elle l'avait en elle, invisible, à tout jamais, exactement comme le lui avait dit le scarabée bleu.

Dasine attendait, impatiente, de savoir ce qui avait bien pu se passer sur le rivage. Anicha accourut pour la rassurer. La jeune femme eut alors une pensée pour son père, Tahar. Elle avait hâte de lui apprendre qu'il pourrait de nouveau vivre en paix, libéré de sa sœur meurtrière.

Ottor décida de reprendre les choses en main.

— Mes amis, retournons à Ashmun. La journée a été éprouvante pour nous tous. Nos hôtes, Agan et Zoubeida, ne demandent qu'à nous aider. Installons-nous près du village le temps que l'épidémie s'arrête. Ramsès, vous nous aiderez à construire nos maisons, n'est-ce pas ? Vous devez connaître beaucoup de monde que l'on pourrait peut-être solliciter ?

Anicha coupa court à cette proposition, pour affirmer sans l'ombre d'un doute :

— Je pense qu'Ashmun n'est pas l'idéal pour nous. On m'a parlé d'une oasis reculée nommée Siwa. C'est là-bas que nous devons aller.

Tout le monde se tourna vers elle, sans savoir quoi penser de ce qu'elle avançait avec tant d'assurance. Chacun pressentait qu'elle était dotée de facultés plus grandes encore que celles qu'elle avait eues à Marrakech. Ils étaient bien tentés de l'écouter.

— J'ai déjà eu l'occasion de m'arrêter dans cette oasis située à l'ouest, à la frontière libyenne, intervint Ottor. J'avoue avoir été charmé par l'endroit. Il y aurait, paraît-il, une source mystérieuse, d'une pureté rare, qui aurait le pouvoir de guérir les malades.

— Moi aussi, j'ai entendu parler de cette source ! renchérit Ramsès. Je ne suis pas sûr que ce soit vrai. On raconte beaucoup de choses en Égypte, des légendes et des histoires liées à l'Antiquité. C'est bien pour faire venir les touristes, mais il y a à boire et à manger dans ces récits ! Cela dit, je dois vous dire une chose. Bientôt, nous serons en période de crue. À la mi-juin, le Nil va déborder lentement. C'est une bénédiction pour toute la vallée parce qu'il va apporter un limon noir et fertile qui permettra, après la crue, de semer l'orge et le blé. Mais, en attendant, la terre va être gorgée d'eau. Nous ne pourrons pas l'utiliser pour construire des habitations. C'est un très mauvais moment pour s'installer dans la région. Quant à l'oasis de Siwa… Une partie de ma famille vit là-bas.

— Vraiment ? Quelle coïncidence ! s'exclama Dasine.

— Oui, c'est un heureux hasard. Anicha, tu aurais pu citer tellement d'autres oasis. Mais tu nous parles justement de celle où mon frère s'est installé il y a plusieurs années. Du jour au lendemain, il a tout quitté pour partir là-bas. Je n'y suis jamais allé. Mais j'ai bien l'impression que l'heure a sonné pour moi de lui rendre visite…

Léon et Ottor se mirent à rire d'un air complice. Eux qui rêvaient de se poser un peu voyaient leur destin d'explorateurs les rattraper à chaque fois. Finalement, tous se sentaient prêts à reprendre la route pour un ultime voyage en direction de l'oasis de Siwa. Là où le scarabée bleu les attendait.

25

Madame Mane

De retour à Ashmun pour se remettre de leurs vives émotions, ils restèrent deux jours sur place, le temps de préparer bagages et vivres pour leur futur voyage.

Profitant des derniers instants, Anicha méditait au bord du fleuve. La vallée du Nil qui lui avait paru si paisible ne l'attirait plus autant qu'avant. La femme balafrée y était morte, dévorée sous ses yeux. Et même si elle était libérée d'un fardeau, tout comme le petit peuple, le sang avait coulé. À la tombée de la nuit, elle repartit en direction de la maison d'Agan et Zoubeida. Un dernier dîner se préparait dans ce repère de convivialité.

Ce soir-là, le repas copieux préparé par les hôtes fut animé. Léon et Ottor burent le bon vin qu'Agan leur présenta fièrement. Ramsès sortit sa guitare, Dasine poussa un peu sa voix pour accompagner les envolées lyriques de Colet'. Quant à Anicha, elle eut envie de danser. Portant l'une des plus belles robes de Dasine, de couleur fuchsia, assez courte pour que l'on voie ses jambes, elle était resplendissante. Léon l'avait rapportée d'Europe, du Portugal, où les robes sont toutes taillées pour dévoiler les jambes des femmes. Anicha se dit qu'un jour elle irait peut-être à la découverte de ce pays aux robes courtes.

Le lendemain matin, vers huit heures, la petite compagnie partit une fois de plus braver le vent du désert. Le Nil ne bronchait pas, les premières felouques apparaissaient. Quelques oiseaux blancs et élancés vinrent se poser sur le rivage. Colet' les salua dans une langue qui leur était propre. Dans quelques semaines, le fleuve grossirait et tout serait inondé. Les habitants de la vallée se préparaient à cette crue qui, comme chaque année à la même période, rythmait leur vie.

Ramsès avait étudié la route la plus rapide pour atteindre Siwa. Il faudrait quand même compter plusieurs jours de marche. Mais cela ne faisait plus peur à personne, car aucun d'eux n'en était à sa première escapade dans le désert. Le sable, les dunes infinies, les mirages quand on a soif, les paroles qui se font rares, les nuits à la belle étoile, blottis les uns contre les autres, ils connaissaient déjà. Et même, ils aimaient. Cela signifiait que quelque chose de palpitant les attendait. Sans connaître l'issue de leur voyage, ils étaient certains qu'aux côtés de la jeune Anicha, ils étaient en sécurité.

Ottor ne voulait plus la quitter. Elle était une telle source d'inspiration pour lui qu'elle valait tous les voyages et toutes les rencontres à elle seule. À ses côtés, il avait découvert un drôle de perroquet, puis une grotte extraordinaire à Malte. Sur le Nil, il avait réalisé, comme jamais auparavant, à quel point l'Égypte regorgeait de points d'intérêt. Ramsès lui avait parlé en détail du mythe du scarabée, qui symbolise le soleil levant. Il avait visité la pyramide de Khéops d'une façon originale, à la poursuite d'une vieille voleuse, qui s'était fait dévorer sous ses yeux, quelques instants plus tard, par un crocodile immense. Tout ceci n'était pas banal, mais pourtant bien plus vrai que les histoires qu'il inventait dans ses livres.

Anicha aurait tant aimé vivre ces dernières semaines en présence de Simon. Que pouvait-il devenir à l'autre bout du continent ? Était-il encore à l'hôpital de Tanger, seul ? Comment le retrouver ? Il ne se passait pas un jour sans qu'elle pense à lui, à son regard pétillant, à ses cheveux roux aux reflets dorés, à son allure solide et fière. Quant à ses parents, comment arrivaient-ils à occuper leurs journées en de telles circonstances ? Elle avait été si cruelle avec eux lors de son départ. Avec le recul, elle réalisait à quel point elle avait causé du mal à son entourage. Si elle s'était écoutée, après la disparition de la femme balafrée, elle aurait supplié les autres de repartir au Maroc. Mais elle savait que c'était impossible en temps d'épidémie.

Après l'épisode de la pyramide, elle s'était renseignée sur Siwa. Certains affirmaient que la source qui irriguait le village était magique, d'autres prétendaient que cette terre était étrange et remplie de mystères non élucidés par l'homme. Elle n'avait qu'une certitude : elle se dirigeait vers une contrée captivante et elle se ferait son propre avis, une fois arrivée là-bas.

Le voyage se déroula sans problème. Aucun animal ne vint contrarier les aventuriers. Aucun scorpion malfaisant ne s'invita dans l'expédition. Selek n'était peut-être pas encore arrivé en Égypte. Pourtant, il cherchait désespérément le scarabée bleu. Mais ce dernier espérait bien brouiller les pistes en installant le petit peuple loin du Livre de la Terre. Selek pourrait se rendre dans la pyramide de Khéops, il ne devinerait jamais l'endroit où se cachait le livre légendaire. Le pharaon veillait sur lui dans les profondeurs de son tombeau, ainsi que sur tous les secrets que les hommes n'étaient jamais parvenus à décrypter.

Après cinq jours de marche, Ramsès cria de joie.

— Regardez au loin, je vois de l'eau. Ce n'est pas un mirage, c'est le lac de Siwa !

— En es-tu sûr ? lança Ottor en se moquant de lui. C'est la cinquième fois que tu nous fais le coup ! On n'est plus à un mirage près !

— Pourtant, j'ai bien l'impression que cette fois il a raison ! renchérit Léon. On dirait bien un lac, et même des palmiers juste à côté !

— Oui, je les vois ! enchaîna Colet' ! Et elle se mit à virevolter au-dessus des têtes de ses amis. Elle avait hâte d'arriver elle aussi.

Ils évitèrent de justesse le sirocco, ce vent chaud et violent du désert. Et quand, enfin, le lac apparut sous leurs yeux ébahis, ils assistèrent à une scène magnifique : l'envol d'un groupe de flamants roses. Colet' jubilait à l'idée de rencontrer de nouvelles espèces.

Le lac était entouré de marécages. Le groupe les contourna par la gauche pour rejoindre l'oasis, qui s'étalait derrière des dunes laissant deviner des arbres élancés. Quand tout le monde pénétra dans l'enceinte de la palmeraie, ils découvrirent un véritable lieu de villégiature. Ce n'était pas un village, mais une petite ville ! Jamais ils n'auraient imaginé être en présence de tant de gens, de maisons et d'animaux réunis en autarcie. Colet', juchée sur l'épaule d'Anicha, s'exclama :

— Levez les yeux au ciel, regardez, il y a d'autres perroquets dans les arbres !

En même temps qu'elle donnait l'information à ses amis, elle s'envola pour aller à leur rencontre et faire connaissance. Ramsès demanda rapidement au premier passant où se trouvait l'échoppe de madame Mane. La seule chose qu'il avait retenue de sa dernière conversation avec son frère était le nom de cette boutique incongrue dans l'oasis. Connue de tous, elle valait apparemment le détour. En s'y rendant, Ramsès s'imaginait qu'il allait interroger cette femme pour savoir où trouver son frère.

La troupe s'enfonça dans la forêt de palmiers et de grands pins. Leur ombre apportait une agréable sensation et il se dégageait une délicieuse odeur de basilic et de menthe. Les habitations, certaines en terre, d'autres en toile de tente, se répartissaient dans des petites allées qui partaient dans tous les sens. Des villageois avaient construit un petit jardin bien délimité autour de leur bâtisse, où poussaient quelques fleurs. D'autres n'avaient fait aucun effort et le côté anarchique donnait à ce paysage un charme singulier. Des ruisseaux bordaient les sentiers. Ottor écarquilla les yeux pour s'assurer qu'il ne rêvait pas. À proximité, des légumes de toutes sortes poussaient en abondance le long de la source. Où qu'il tourne la tête, il voyait des plants de courgettes, d'aubergines, de tomates ou de poivrons. Il montra tout cela à Anicha, qui, de son côté, venait d'apercevoir des framboisiers qui couraient le long d'un autre ruisseau partant sur la droite. Les mulets et les ânes étaient en liberté et broutaient l'herbe paisiblement. Certains chameaux étaient assis, les quatre pattes repliées, et prenaient un air désabusé tout en ruminant des branches d'arbustes. Des habits colorés étaient suspendus à des fils comme des guirlandes. Des enfants en bas âge, les fesses à l'air, couraient dans les allées. D'autres, plus grands, jouaient à dégommer des petits bâtons de bois plantés. On pouvait aussi apercevoir des tortues qui déambulaient au ralenti dans les allées de sable ou se reposaient au soleil sur un caillou. Tout ce joyeux monde se mélangeait naturellement et une forme de sérénité s'en dégageait.

Ils marchèrent vingt bonnes minutes avant d'arriver devant une tente plus grande que les autres, entourée d'un jardin potager et de plantes aromatiques. Ramsès s'avança le premier pour aller à la rencontre de la femme qu'il cherchait. Tandis que les autres l'attendaient dans l'allée, devant le jardin, il souleva ce qui faisait office de porte d'entrée. Mais la propriétaire apparut de derrière et le héla.

— Eh vous, comment osez-vous entrer chez moi ? On ne se connaît pas que je sache !

— Excusez-moi, répondit Ramsès un peu embarrassé. Je cherche mon frère qui habite Siwa.

— Je ne fais pas office de tourisme, moi ! Comment voulez-vous que je connaisse tout le monde ici ? Nous sommes nombreux. Adressez-vous à quelqu'un d'autre.

Anicha n'en crut pas ses yeux. Cette femme ressemblait comme deux gouttes d'eau à… madame Malik, sa logeuse à Marrakech.

Comment se pouvait-il que l'herboriste se trouve ici, en même temps qu'Anicha ? Elle avait la même allure, petite et menue, les cheveux bouclés, la peau métissée. Seuls ses yeux marron étaient différents. Dans les souvenirs d'Anicha, madame Malik avait plutôt les yeux bleus. La jeune fille s'avança pour aller à la rencontre de cette femme étrange, tandis que Ramsès reculait, devant son accueil inhospitalier. Mais ce que dit soudain la femme le fit se retourner, interloqué.

— Ah, mais ce sont tes amis, Anicha ! Il fallait le dire plus tôt ! Entrez !

Anicha sourit, mal à l'aise, sous le regard de ses amis ne comprenant pas comment elle pouvait être attendue ici.

— Bonjour, madame… Malik ? interrogea avec réserve Anicha.

— Eh non, je ne suis pas madame Malik ! Je suis sa sœur. Je suis un peu déçue, elle ne t'a jamais parlé de moi apparemment, dit-elle en riant.

— C'est vrai ! Vous êtes sa sœur !?

— Absolument ! En personne ! On se ressemble, n'est-ce pas ? On s'est beaucoup amusées, petites, à échanger nos rôles. Nous ne sommes pas jumelles, mais c'est tout comme. On a un an d'écart, alors c'est pareil ! Tu peux m'appeler madame Mane. Quand je vais lui dire que tu es arrivée ici, elle n'en croira pas ses oreilles ! Venez, asseyez-vous, je vais vous offrir quelque chose à boire.

Elle montra une table et deux bancs en pin disposés dans son jardin. Ottor riait sous cape. Encore une fois, des choses étranges se passaient en présence de sa jeune amie. Il était impatient de coucher tout cela sur le papier. Anicha resta perplexe devant cette femme inconnue qu'elle avait pourtant l'impression de très bien connaître. Madame Malik avait été comme une mère pour elle. Elle trouvait décidément bien étrange le fait de ne pas avoir été mise au courant de l'existence de cette sœur.

— Alors, qu'est-ce qui vous amène ici ? Vous fuyez l'épidémie, n'est-ce pas ?

Elle n'attendit pas la réponse, et poursuivit comme un moulin à paroles.

— Vous serez bien ici. Comme partout, ce n'est pas parfait, mais c'est un des rares endroits sur terre où l'on est protégé des inconvénients du monde moderne. Personne ne connaît véritablement Siwa. L'oasis est un peu... Comment dire... Allez, je lâche le mot... Magique... Voyez-vous ?

— Magique ? Comment ça ? demanda Dasine.

— Il y a une source ici, d'une eau pure comme nulle part ailleurs. Mais en plus, elle guérit. Quand les habitants sont atteints d'une maladie plus ou moins grave, ils vont boire à cette source, et, souvent, leurs symptômes disparaissent aussitôt. Je dis bien « souvent », parce que, de temps en temps, je donne un coup de pouce. Enfin bref, je vous dis tout ça parce que vous connaissez ma sœur. Mais on est bien d'accord, tout cela doit rester entre nous. Enfin, disons que tout ce que vous allez vivre à Siwa ne doit pas être divulgué. Il est vital pour notre oasis de préserver ses secrets, sinon nous serions vite envahis. Et le scarabée bleu n'aurait plus aucun refuge où aller.

— Le scarabée bleu ? Vous l'avez vu ?

— Bon, vous êtes déjà tous au courant, c'est ça ?

Anicha était un peu embarrassée. Ses amis connaissaient Colet' et ses aptitudes étonnantes, Dasine connaissait la légende du scarabée bleu mais Ottor, Léon et Ramsès n'en avaient qu'une idée vague. Anicha s'était bien gardée jusqu'à maintenant de leur révéler exactement ce qu'il en était. Mais elle n'avait plus le choix. Elle leur devait la vérité, en échange de leur fidélité et de leur confiance, sans faille.

— En fait, ils ne sont pas tout à fait au courant... de tout.

— Mais tu peux leur dire la vérité, Anicha, après tout ce qu'ils ont fait pour toi ! rétorqua la femme.

Madame Mane parlait comme si elle avait été du voyage et avait vécu toutes les péripéties avec eux.

— Bien sûr, mais je ne savais pas comment m'y prendre.

— Bon, alors on va commencer par le commencement. Buvez, déjà.

Léon prit sa tasse et y trempa ses lèvres, en prenant tout son temps pour découvrir le breuvage. C'était une tisane froide, composée d'herbes aussi mystérieuses que rafraîchissantes. Tous attendaient maintenant les révélations d'Anicha. Ottor avait son carnet à la main, prêt à tout noter. Quant à Colet', elle s'était posée cette fois sur l'épaule de Ramsès, bien impatiente de mettre son grain de sel à l'histoire.

— Tout a commencé dans l'oasis où je suis née. L'été dernier, je lisais beaucoup, je ne faisais que ça d'ailleurs, quand un scarabée bleu s'est présenté à moi. Il m'a parlé du haut d'une fleur, une pivoine, apparue étrangement dans un vase…

C'est ainsi qu'elle leur relata toute l'histoire, sans omettre aucun détail. À mesure qu'elle avançait dans son récit, elle se sentait soulagée. Qu'il était bon de partager enfin son secret avec ses amis !

— Oh, Anicha, tu as sans doute dû faire preuve d'imagination pour garder, pendant tout ce temps, le secret sur l'existence du petit peuple, intervint Madame Mane. Mais à Siwa, tout le monde connaît le petit peuple, dont une partie vit parmi nous. Cependant, aucun n'a rencontré en personne le scarabée bleu. Il ne se montre jamais. Sauf bien sûr à certains privilégiés… Les rares fois où ils sortent de Siwa, les gens du village respectent le secret. Et ils ont tous un insecte désigné. C'est moi qui fais en sorte que chacun trouve sa bête. Êtes-vous prêts à accueillir la vôtre ?

— Oh, évidemment, renchérit Dasine, impatiente de découvrir la sienne.

— Tout se passe à l'intérieur. Venez.

Elle parlait d'une voix sans chaleur. Un peu autoritaire, elle obtenait toujours ce qu'elle voulait des autres. Mais elle était appréciée pour sa franchise et son authenticité.

Chez elle, Anicha eut l'impression d'être un peu comme chez madame Malik. Il y avait toutes sortes de plantes qui séchaient, les tiges vers le haut, accrochées au plafond. Des bocaux renfermant des graines étaient posés sur plusieurs étagères qui cachaient entièrement les murs. Au fond de la tente, on aurait pu croire qu'il n'y avait plus rien à voir. Mais c'est pourtant là que tout commençait. À même le sol, derrière un paravent, il y avait une trappe. La propriétaire des lieux demanda à Léon de la soulever. Elle donnait sur un escalier de terre proprement sculpté, d'une dizaine de mètres. Les uns après les autres, tous descendirent, suivant leur hôtesse. En bas de cette sorte de grotte illuminée par de nombreuses bougies aux parfums envoûtants, étaient entreposés du sol au plafond plantes, bocaux, étagères, tiroirs numérotés. Au milieu de la pièce, il y avait une grande table sur laquelle étaient posés des fils enchevêtrés qui partaient dans tous les sens. L'une de leurs extrémités était plantée dans un plateau en bois, l'autre extrémité rejoignait une bulle de verre très fin, d'où partait une éprouvette miniature. Le tout tenait en équilibre. Les visiteurs, intrigués, s'étaient naturellement positionnés autour de la table. Qui oserait demander en premier à quoi servait cette installation étrange ? Mais, trop tard, madame Mane leur montrait déjà autre chose. Elle souleva un tissu tendu sur un mur. Derrière se cachait une porte, qu'elle ouvrit doucement. Et là, le groupe se trouva nez à nez avec des centaines d'insectes, qui volaient autour d'un fin ruisseau. Le spectacle était de toute beauté. Les couleurs fusaient, des herbes avaient poussé. C'est là que résidait une partie du petit peuple.

26

Le Survivant

Le petit groupe s'avança timidement dans cet endroit peu ordinaire.

— Vous pouvez choisir le vôtre, indiqua madame Mane. Enfin, c'est lui qui va vous choisir, dit-elle en souriant. Avancez, n'ayez crainte. En accueillant votre insecte, vous allez ainsi signer le pacte de Siwa.

Une libellule se posa sur la main de Dasine, une coccinelle sur la joue d'Ottor. Une mante religieuse choisit de se poser sur le bras de Ramsès, enfin un gendarme atterrit sur le nez de Léon. Les binômes ainsi formés s'observèrent mutuellement, étonnés. Mais très vite, ils firent connaissance, sous le regard amusé de madame Mane.

Aucun insecte n'avait rejoint Anicha. Elle retrouverait son scarabée bleu bientôt. Mais pour l'heure, la sœur de madame Malik l'attira dans une salle attenante. Anicha allait comprendre à quoi servait cette étrange machine qui avait attisé la curiosité de tous. La femme fit chauffer de l'eau dans une petite casserole en cuivre, prit une goutte de cette eau dans une cuillère et la déposa au sommet de l'éprouvette. Et là, elle appuya sur un bouton. La gouttelette disparut en un éclair et, tout à coup, Anicha entendit :

« Bonjour, Anicha. Je suis si heureuse que tu sois à Siwa, en présence de ma sœur. Tu vas te plaire ici, j'en suis sûre. »

Interloquée, Anicha regarda autour d'elle, ne comprenant pas d'où venait cette voix. Très vite, madame Mane la rassura.

— C'est bien ma sœur qui te parle. Sa voix te parvient parce que je l'ai prévenue de ta présence par cette goutte d'eau. Nous discutons tous les jours ensemble, tu sais. Ma sœur et moi sommes très proches. Elle n'a jamais voulu croire au scarabée bleu. Elle a toujours pensé que j'étais un peu folle. Tu vas peut-être m'aider à lui montrer qu'elle avait tort !?

— Mais enfin, comment est-ce possible de parler à madame Malik alors qu'elle vit à Marrakech ?

— Eh bien, imagine que nous sommes entourées d'une sorte de toile d'araignée invisible, faite de milliers de fils très fins par lesquels passent toutes sortes d'informations, comme tes émotions et tes pensées. Lorsque tu connais son existence, il te suffit de penser très fort à quelque chose, puis d'attendre quelques minutes. Et, souvent, ton souhait se réalise. Là, j'avais pensé à contacter ma sœur. L'eau permet de communiquer plus vite dans la toile. J'ai passé ma vie à travailler sur ce monde de l'invisible. Un jour, j'avais dix-huit ans, je m'en souviens parfaitement, j'étais à Marrakech, plongée dans mes livres scientifiques, à la recherche de réponses sur la façon dont on pouvait communiquer entre nous, quand un insecte, une abeille plus exactement, m'a choisie pour me guider. Je suis alors partie, comme tu l'as fait, loin de ma famille, parce que je souffrais d'être différente et de ne pas être comprise. J'ai atterri ici, à Siwa, suivant les conseils de l'abeille. Et j'ai élaboré cet appareil. Chez nous, tu verras, beaucoup de gens sont différents. Tu es dans l'oasis où toute forme de pensée novatrice est bienvenue. Sache que les personnes que tu croiseras ici, aussi étranges soient-elles, ont chacune un savoir précieux qui peut sauver notre espèce. Ici, on cherche, on invente, on explore. On ne s'attaque pas au système, on le démode. Tu sais, pour faire des choses hors du commun, on ne peut vivre de façon conventionnelle. Et nous ne craignons ni l'échec, ni la marginalisation, ni la solitude. Nous n'avons qu'un objectif, sauver nos contemporains de la souffrance. Mais rien ne serait possible sans une écoute attentive de ce que nous soufflent nos insectes. Nous allons nous régaler avec toi ! Tu as appris tant de choses dans les livres et maintenant tu l'expérimentes dans ta vie. Nous nous réjouissons de ton arrivée.

Elle disait tout cela avec une grande douceur, qui contrastait avec le ton qu'elle avait adopté en présence des autres. Aux yeux d'Anicha, ce qu'elle venait de lui révéler était un peu abstrait, mais elle se savait en bonne compagnie. Lorsqu'elles rejoignirent leurs amis, Anicha et madame Mane ne laissèrent rien paraître de leur discussion. C'était désormais leur petit secret.

Il était temps pour Ramsès de rendre visite à son frère. Ses amis l'accompagnèrent et, très vite, on leur indiqua l'endroit où il logeait avec sa famille, à l'autre bout de l'oasis. Il habitait une jolie maison de taille moyenne, un peu en retrait, bordée sur la gauche par le lac, et à l'arrière par les dunes. La vue y était époustouflante. C'est devant ce paysage sauvage que les frères se retrouvèrent. Ils ne s'étaient pas vus depuis longtemps et avaient complètement perdu contact. Des marmots métis sortirent de la maison pour voir avec qui leur père s'entretenait. Ils étaient trois, suivis de près par une femme noire, grande et fine aux cheveux très courts. Elle avait une allure majestueuse. Elle portait un short beige, un T-shirt coloré, et quelques bijoux en or venaient apporter une touche originale à sa tenue décontractée. Anicha n'avait jamais vu une femme habillée de la sorte. Quant à Erman, le frère de Ramsès, il lui ressemblait, mais à un détail près : il était beaucoup plus petit.

Une fois les accolades passées et les présentations faites, il était temps pour tout le monde de se reposer un peu. Erman proposa de mettre à disposition du groupe deux grandes tentes qu'il avait utilisées la première année de son installation dans l'oasis.

Dasine et Léon s'installeraient dans l'une d'elles. Anicha aurait l'autre tente. Quant à Ramsès et Ottor, ils tenaient à dormir à la belle étoile. Ils ne pouvaient plus se passer du ciel et de la nature environnante comme décor de leur nuit.

C'est donc là, près du lac de Siwa, que la vie les invitait à passer quelques jours ou peut-être même des années. Nul ne savait quelle serait la durée de leur séjour dans l'oasis.

Le soir venu, pendant le dîner, Erman évoqua à son tour le scarabée bleu. Il expliqua que, le lendemain de son mariage, il avait rencontré un insecte, une sauterelle, qui lui avait parlé spontanément. D'un naturel très ouvert aux choses inconnues, il avait accepté de discuter avec elle. C'est alors qu'elle lui avait parlé du scarabée bleu et du petit peuple. Il avait compris plus tard pourquoi elle s'était adressée à lui plutôt qu'à un autre : en épousant une femme noire, bien plus grande que lui, il allait être confronté aux mesquineries des gens de la ville où il vivait alors. Les couples mixtes étaient souvent moqués dans sa région et, souvent, ils se séparaient parce que la vie devenait trop difficile à deux. La sauterelle lui expliqua que son mariage, très critiqué au sein même de sa famille, serait vite compromis dans de telles conditions. À l'époque, seul Ramsès avait montré son soutien à son frère. La sauterelle lui parla de Siwa et de la grande tolérance qui régnait envers ceux qui ne faisaient pas comme tout le monde. La suite s'était déroulée naturellement, comme si le destin l'attendait là-bas. Dans l'oasis, ses trois enfants vinrent au monde et son couple, solide, était fier des choix qu'il avait faits.

Trois jours après son arrivée, Anicha demanda à madame Mane si elle pouvait parler à ses parents à travers le drôle d'appareil qu'elle cachait dans son sous-sol. Sa nouvelle confidente accepta.

— Madame Mane, si je contacte mes parents, ils risquent de prendre peur en entendant ma voix ?

— Tes pensées et les informations que tu veux leur faire passer vont transiter par les gouttes d'eau, et parvenir jusqu'à eux en sentiments. Ils vont recevoir de toi, dans leur cœur, un message réconfortant. Et sans en comprendre la raison, ils auront l'impression de t'avoir parlé. Une sensation de plénitude les envahira et les rassurera. Ainsi, sans pouvoir l'expliquer, ils n'auront plus de doute sur le fait que tu vas bien et que tu les aimes. Cette conviction leur permettra de vivre sereinement en attendant de te revoir en vrai.

— Mais c'est de la manipulation. Quelqu'un d'autre pourrait être mal intentionné et souffler à des personnes des pensées terribles !?

— Tu as entièrement raison. C'est bien pour ça que seule ma sœur et moi, et maintenant toi, avons cette connaissance. Elle ne doit être divulguée à personne. Tu m'entends ? À personne !

— Je vous donne ma parole, madame Mane.

Anicha fit ce que madame Mane lui dit de faire avec les gouttes d'eau. En un instant, après avoir envoyé son message à ses parents, elle reçut une réponse, en images, dans sa tête. Elle put constater que ses parents allaient bien, qu'ils avaient reçu la lettre d'Ottor leur donnant de ses nouvelles. Dans son cœur, elle sentit que son père lui pardonnait son comportement odieux et qu'il attendait son retour dans la quiétude.

Anicha arpentait les chemins et de jeunes enfants la suivaient, attirés par son aura. Peu à peu, elle se joignit aux groupes qu'ils formaient ici ou là, s'assit à leurs côtés et leur relata son histoire de façon détournée. Les gamins étaient chaque jour plus nombreux à venir l'écouter. Très vite, la rumeur courut qu'une jeune femme était appréciée des plus petits et leur contait des histoires qui les émerveillaient et leur faisaient faire de plus beaux rêves la nuit. Les parents, curieux, voulaient aussi rencontrer cette Anicha, tant appréciée de leurs enfants. S'apercevant qu'elle savait beaucoup de choses, ils lui demandèrent de transmettre son savoir à son nouveau public. En un rien de temps, une grande tente fut installée, des bancs disposés les uns derrière les autres. Et un matin, des enfants de tous âges accoururent pour écouter la leçon du jour.

Anicha, qui n'avait pas encore tout à fait rejoint le monde des adultes, semblait pourtant avoir vécu mille vies. Tout ce qu'elle avait emmagasiné dans les livres pendant toute son enfance ressortait d'une manière qu'elle n'aurait jamais imaginée. À seize ans, elle devenait, ici, à Siwa, institutrice comme elle l'avait rêvé pendant des années. La tente d'Anicha devint très vite un lieu d'émulation et d'émancipation pour chaque élève. La veille, elle préparait ce qu'elle allait enseigner le lendemain et affinait sa méthode de jour en jour. Elle trouvait un plaisir indescriptible à adapter son discours à chaque enfant, à mélanger les tranches d'âges. Sous le regard admiratif de Dasine qui observait la scène discrètement, les enfants développaient le sens des responsabilités : ils rangeaient, nettoyaient, s'investissaient spontanément. Les plus petits d'entre eux, du haut de leurs trois ans, firent très vite preuve d'une autonomie étonnante. Les plus âgés les aidaient au besoin. Tous s'exécutaient dans la bonne humeur, heureux de découvrir un cadre bienveillant. Anicha savait sans aucun doute éveiller les intelligences de chacun pour les mener vers le bonheur. Elle s'assurait que la classe était engagée et attentive en proposant chaque matin plusieurs choix d'activités : un bout de bois à polir, des tissus à coudre, des objets à fabriquer dans différentes matières, mais aussi d'autres activités comme grimper aux arbres, chanter, cuisiner… Tout était prétexte à être touché, malaxé, étudié sous tous les angles. Sans le savoir, Anicha inventait une nouvelle façon d'éduquer les plus jeunes. Et surtout, elle leur apprenait à penser par eux-mêmes.

Dasine, quant à elle, savait aussi mobiliser le monde, mais dans un tout autre registre. Les malles des tapisseries l'avaient suivie jusque-là. Elle avait déballé les dessins qui avaient servi de modèle devant la femme d'Erman, et celle-ci avait été séduite par l'idée. Cette nouvelle alliée lui avait proposé de relancer la confection de cette grande œuvre en fédérant les gens du village. Ainsi, pendant que les enfants se forgeaient des connaissances avec la jeune institutrice, certains parents mettaient à profit leurs talents cachés pour créer le plus grand tableau qui ait jamais existé. Et peu à peu, l'histoire du scarabée bleu se matérialisait sous forme de points de croix. Sur fond noir, les couleurs jaillissaient. Le désert était très présent, tout comme *L'Angélique*, qui apparaissait avec, au-dessus d'elle, des cigognes en plein vol. Colet' n'était pas oubliée, ni la pivoine d'Anicha. On pouvait aussi distinguer le petit peuple près d'une source. La tenture faisait déjà six mètres de long et, pourtant, elle était loin d'être terminée. Plus les équipes avançaient dans leur travail, plus elles se prenaient au jeu et avaient envie d'ajouter des détails. Il leur faudrait des semaines, voire des mois, pour achever cette œuvre d'art collective.

Un après-midi, après qu'Anicha eut terminé sa classe, remplie de plus d'une vingtaine d'élèves fidèles, elle rejoignit madame Mane chez elle. Elle aimait ces moments passés seule avec elle, qui lui rappelaient ses veillées avec madame Malik dans la grande Cité. À son tour, madame Mane lui apportait le réconfort dont elle avait besoin pour prendre confiance en elle et en son savoir. Dasine était bien occupée par la tapisserie, Léon et Ottor avaient décidé d'aller pêcher dans le lac en compagnie de Ramsès et de son frère. Colet' ne quittait plus les autres perroquets, doués comme elle de la parole, si bien que sur la cime des arbres les oiseaux jacassaient à tue-tête.

Madame Mane sentit que le moment était venu. Attirant Anicha à elle, elle lui dit tout bas :

— Suis-moi, je vais te montrer un arbre un peu particulier.

Elle souleva la tenture qui cachait l'entrée de la pièce où vivait le petit peuple. À l'intérieur, les insectes regardèrent dans leur direction pour saluer Anicha. Ils étaient visiblement heureux de la voir et vinrent tous se poser sur elle, comme magnétisés par ce qu'elle dégageait. En un rien de temps, elle fut recouverte d'insectes multicolores. Madame Mane leur demanda doucement mais fermement de retourner à leur place. Toutes deux s'enfoncèrent dans une galerie dont l'entrée était dissimulée par un mur de lierre. Le souterrain était faiblement éclairé par des bougies disposées de part et d'autre. Des lucioles scintillaient et apportaient une ambiance feutrée et féerique à cette vie sous terre. On entendait de l'eau couler. Mais Anicha aurait été bien incapable de savoir d'où elle provenait. C'est alors que madame Mane lui dit de regarder ce qu'il y avait à ses pieds. De grosses racines sortaient de terre et le tronc d'un arbre s'élançait jusqu'au plafond.

— Te voici au pied de l'arbre du scarabée bleu. C'est ici qu'il a choisi de s'installer. Si tu veux le voir et s'il a décidé de se montrer à toi, tu pourras plus facilement discuter avec lui ici.

Il n'en fallut pas plus pour que le coléoptère se montre. Il se posa sur l'une des racines, face à Anicha.

— Bonjour, jeune fille. Je vois que tu te fais bien à l'atmosphère de Siwa ! Madame Mane vient de te révéler ma cachette. Grâce à elle, nous avons trouvé refuge ici. Et désormais, vous êtes les deux seules à savoir où nous vivons. Ma famille est à l'abri ici. Mes enfants peuvent grandir paisiblement et moi je peux continuer ma mission. Mais tant que le scorpion Selek voudra prendre ma place, je resterai mobilisé. Pour l'heure, prenons notre temps, puisque nous sommes en sécurité ici.

— Je suis si heureuse de te voir. La femme balafrée n'est plus de ce monde, tu sais !

— Oui, les insectes qui l'ont menée au Nil m'ont tout raconté. L'esprit du fleuve l'a emportée et c'est tant mieux pour nous tous.

— Qu'attends-tu de moi, désormais ?

— Toi seule le sais.

— Ah oui, j'avais oublié. Tu as décidé que j'étais maîtresse de mon destin et qu'il me revient de trouver ma vérité, dit Anicha en riant.

— Exactement. Mais tu le sais aussi, certaines personnes sont placées sur ta route pour te guider. Madame Mane en fait partie. Je n'ai aucune inquiétude sur la façon dont elle peut t'aider !

Anicha appréciait d'être en présence à la fois du scarabée bleu et de madame Mane. Elle sentit une envie la traverser.

— Dites-moi, j'aimerais savoir à quoi ressemble le haut de cet arbre ! Je ne vois que ses racines. C'est intrigant. Je sens qu'il dégage une puissance extraordinaire.

Madame Mane sourit. Ses rides au coin des yeux s'accentuèrent.

— Si tu savais le nombre de fois où notre arbre est enlacé chaque jour ! On l'appelle le Survivant. Il est millénaire. Et pourtant sa vigueur et son allure sont intactes.

— Donc plusieurs centaines d'années ? Mais c'est impossible ! s'exclama Anicha.

— Souviens-toi, rien n'est impossible, si ce n'est ce que décrète ton esprit, enchaîna le scarabée. Viens t'en rendre compte par toi-même. Il a connu les sécheresses qui n'en finissent pas, les vents les plus violents. Et pourtant, ses racines ont toujours su s'abreuver dans les profondeurs de la terre. Son écorce était assez épaisse pour protéger le tronc et ses branches assez agiles et souples pour ne pas casser.

Le coléoptère parlait tout en étant posé maintenant sur sa protégée, qui elle-même suivait son amie dans le souterrain. Une fois ressortis, ils purent apercevoir depuis le perron de l'habitation de madame Mane la partie émergée du Survivant. À une vingtaine de mètres en longeant un étroit sentier qui bifurquait derrière la grande tente blanche, un léger ruisseau coulait paisiblement. C'est là que prenait racine l'arbre majestueux, qui n'était autre qu'un olivier, moins imposant par sa taille que par les torsions de son tronc. Sa grande circonférence attestait d'un vécu honorable. À la grande surprise d'Anicha, il était recouvert de rubans de toutes les couleurs.

— Quand quelqu'un de l'oasis rencontre un problème dans sa vie, il vient se recueillir auprès de l'arbre et pose sa question sur un ruban qu'il attache ensuite à une branche. Généralement, dans les heures ou les jours qui suivent, il obtient une réponse appropriée à son problème. Je ne connais pas une personne à Siwa qui ne se soit entretenue seule à seul avec notre Survivant. Il fait partie de notre patrimoine, expliqua madame Mane.

— Cet arbre a connu tous nos ancêtres. Il représente un pont vivant entre les forces solaires du haut et la terre du bas. Il est la mémoire du monde, compléta le coléoptère.

Anicha ne pouvait attendre plus longtemps pour s'approcher de ce tronc qui l'attirait irrésistiblement. Le scarabée vola de son épaule à celle de madame Mane. Tandis que la jeune fille enlaçait l'arbre, de petites olives vertes apparurent, d'abord de façon éparse, puis elles se multiplièrent en quelques minutes. Minuscules au départ, elles grossissaient à vue d'œil. Anicha ne s'en rendit même pas compte tant elle était absorbée par les énergies qui se diffusaient en elle. Elle ferma les yeux et reçut ce que l'olivier voulait lui transmettre.

Ses deux compagnons, bien que discrets, ne purent s'empêcher de regarder ce qui se passait sous leurs yeux. Les olives qui jaillissaient étaient la preuve intangible qu'Anicha avait un pouvoir au-delà de toute espérance. Au bout d'un instant, elle se détacha du Survivant et rejoignit madame Mane et le scarabée. Ils ne posèrent aucune question et la jeune fille n'éprouva pas le besoin de témoigner de ce qu'elle venait de vivre. Aussitôt, elle annonça :

— Je vous laisse, mes amis. Quelque chose m'appelle. Je ne sais pas quoi, mais je dois aller dans cette direction.

Elle n'en dit pas plus à ses amis, interloqués. Elle partit, comme si elle suivait une route toute tracée. L'arbre lui avait transmis un savoir inédit.

Anicha filait dans les allées, s'enfonçant toujours plus dans l'oasis. Au loin, elle aperçut un homme qui venait à sa rencontre. Dans un rayon de soleil, scintillant de minuscules particules de poussière et de sable en suspension dans l'air, la silhouette grande et fine d'Anicha rejoignit celle de l'homme. Ce premier contact précédait le rapprochement des corps. La jeune femme avait devant elle un autre survivant, celui qui lui avait tant manqué ces dernières semaines.

Anicha et Simon allaient s'adonner aux rituels lents et sacrés des retrouvailles.

27

Cinq ans plus tard

« C'est drôle. Je n'ai pas tenu un journal depuis au moins cinq ans ! Le dernier carnet était celui dans lequel je relatais la légende du scarabée bleu. J'avais seize ans à l'époque. Depuis, j'ai l'impression de ne pas avoir eu une minute à consacrer à l'écriture. Entre ma vie avec Simon, l'arrivée de mes parents, le bébé de Dasine et Léon, les écoles qui me prennent tant de temps et mes voyages, j'ai négligé ce grand besoin que j'ai de prendre le temps de l'introspection. N'est-ce pas une des conditions pour y voir plus clair dans sa vie, évoluer, prendre les bonnes directions ? Demain arrive le plus grand dignitaire d'Égypte. C'est le moment pour moi de savoir ce qu'il convient de lui dire. Il n'y a pas plus haut placé dans le pays pour m'aider à poursuivre ce que j'ai commencé. »

Voilà comment, à l'âge de vingt et un ans, Anicha l'Hirondelle a recommencé à écrire son journal. Mais, à ma plus grande joie, elle m'a permis d'en lire le début et de vous présenter cet épilogue. Ce qui m'amène à vous en dire un peu plus sur ce qui s'est passé pendant ces cinq années.

Simon, malgré sa jambe fragile et les recommandations du médecin à Tanger, a pris le premier bateau qui partait pour l'Égypte. Comme nous, il a traversé la Méditerranée pendant des semaines. Personne, à part lui, n'aurait pu voyager dans un tel état. Il m'a confié, après coup, à quel point sa jambe l'avait fait hurler de douleur parfois. Désormais, il boite très légèrement, mais quiconque ne connaît pas son histoire ne s'en aperçoit pas. Bref, son cœur l'a mené jusqu'à Siwa. Depuis, il file le parfait amour avec l'Hirondelle. Tous deux ne sont pas sur terre pour rien, croyez-moi !

Vous vous demandez sûrement si le scorpion Selek est toujours en vie. Figurez-vous qu'il est mort plus tôt que je ne l'aurais imaginé… Une fois la femme balafrée disparue au fond du Nil, il chercha bien évidemment à retrouver le scarabée bleu et son peuple. Aussi futé que destructeur, il parvint jusqu'à Siwa, peu de temps après notre installation dans l'oasis. Il était prêt à piquer tous ceux qu'il croiserait sur son chemin. Un chien qui passait par là, un labrador blanc appartenant à un villageois, tomba nez à nez avec lui. Il aboya tout ce qu'il savait devant l'horrible bête pointant son dard. Le malheureux, nerveux et imprudent, mordit l'insecte à pleines dents. Entendant le chien gémir, des enfants accoururent. Anicha, dont l'école n'était pas loin, arriva juste au moment où un petit de trois ans allait toucher l'insecte. Elle cria pour qu'il recule. L'enfant, paralysé par la peur, s'éloigna sur-le-champ, fort heureusement. Le chien mourut au bout de cinq longues minutes dans un râle terrible. Quant à l'insecte, il se vidait d'un liquide jaunâtre. Le chien ne l'avait pas raté. Anicha renvoya les enfants d'où ils venaient. Guidée par un pressentiment, elle enveloppa le scorpion avec des feuilles d'arbre en prenant bien soin de ne pas le toucher, et demanda à un homme qui passait par là de s'occuper du chien. Elle ne perdit pas une seconde et fila dans le sous-sol de madame Mane. Là, elle retrouva le scarabée bleu. Ce dernier, formel, attesta que le scorpion était bien Selek ! Le soir, vous imaginez sans peine la fête que fit le petit peuple pour célébrer la nouvelle. Anicha, Simon et madame Mane étaient bien sûr de la partie. Ils étaient les seuls à connaître le scarabée bleu en personne. Ce dernier, victorieux devant son peuple et sa famille, annonça qu'une nouvelle ère commençait. Ils pouvaient de nouveau se répartir à travers les contrées, choisir les hommes et les femmes qu'ils se sentaient appelés à initier. Ils allaient pouvoir reprendre les préceptes écrits dans le Livre de la Terre et l'enrichir de nouvelles données pour la postérité.

Par la suite, les épisodes se sont enchaînés. Marrakech, Tanger, mais aussi la vallée du Dadès furent touchées par la maladie. Mina, Tahar et tous les habitants de l'oasis n'eurent pas le choix. Ils prirent la première caravane passant par leur oasis, qui allait traverser l'Algérie puis la Libye avant d'atteindre l'Égypte. Leur voyage dura trois mois et fut éprouvant. Mais, heureusement, ils ne contractèrent pas la maladie. La joie de retrouver leur fille suffit à leur faire reprendre des forces. Depuis, ils vivent dans une des maisons de Siwa et sont des parents comblés. Tahar a retrouvé sa force et son charisme. Il a pris en charge la direction des cultures de céréales, qui ont triplé en deux ans. Tout le surplus est envoyé sans contrepartie dans les villes les plus touchées par les guerres, qui engendrent la famine. Il a mis en place une chaîne de solidarité à laquelle, bien évidemment, tout le monde souscrit ici.

Quant à Mina, devinez où on peut la trouver ?! Dans les cuisines, bien sûr ! À la demande des habitants, elle a fondé un restaurant. Aux heures des repas, il est toujours bondé. Elle n'a plus une minute à elle. Quand elle arrive à s'échapper, elle s'occupe d'une petite fille adorable…

Il est vrai que Dasine et Léon ne pensaient plus à avoir un bébé, étant donné le handicap de Dasine. Les médecins lui avaient dit qu'elle ne pourrait jamais enfanter après sa chute. Mais à croire que la science ne détient pas toutes les vérités. La petite Karmelle va sur ses trois ans. Ses yeux en forme de bille noire et ses cheveux fins et bruns rappellent ceux de sa mère, et l'assurance avec laquelle elle pose un pied devant l'autre n'est autre que celle de Léon. Ses parents m'ont demandé d'être son parrain. Imaginez ma fierté !

Ramsès est resté parmi nous lui aussi. Il cherche toujours l'âme sœur, mais il ne perd pas son temps pour autant. Il s'est découvert une passion pour l'aromathérapie et est l'élève le plus passionné qu'aient jamais connu les deux sœurs, madame Malik et madame Mane. Elles font la paire toutes les deux. Enfin réunies à Siwa, elles ne cessent de travailler à des remèdes et à des objets plus farfelus les uns que les autres. Mais je ne peux que m'incliner devant leur ingéniosité. Elles ont réussi à produire un médicament qui a permis d'endiguer l'épidémie. Les petites fioles se répandent un peu partout en ce moment même au Moyen-Orient. Anicha a réussi à faire venir les élèves les plus érudits de son école de Marrakech. Ils sont quatre à aider les deux sœurs dans leur ouvrage, parmi lesquels se trouve Leï, la grande amie d'Anicha. Forte de ses connaissances en architecture, c'est elle qui repense les plans de l'oasis, propose des maisons à ceux qui aspirent à ne plus vivre en tente. Elle s'est spécialisée dans les habitations circulaires en pin. Elle les a conçues pour optimiser les cinq éléments : le bois, le feu, la terre, le métal et l'eau. Étant donné la demande croissante, son agenda est plein, et elle forme les futurs architectes et artisans pour qu'ils lui viennent en renfort.

Après avoir achevé le récit des aventures d'Anicha, qui me fascinent depuis plus de cinq ans, je tenais absolument à ce que son histoire se répande. J'ai quitté Siwa dans l'espoir de trouver une personne capable d'imprimer plusieurs exemplaires de ce journal et de les diffuser dans la capitale de l'Égypte. *Le Scarabée bleu* est donc paru pour la première fois dans une vieille boutique de la médina du Caire. Très vite, d'autres exemplaires sont sortis. Certaines de mes connaissances m'ont appris qu'on se passait ce livre sous le manteau, qu'on se le recommandait en douce. Petit à petit, en moins d'un an, toute la ville s'est mise à parler de cette légende qui n'en était peut-être pas une finalement. Déjà adulé depuis la nuit des temps dans ce pays, le coléoptère a surgi sous une autre forme, bien plus puissante encore.

Bien sûr, je me suis bien gardé de dire toute la vérité. J'ai surtout mis l'accent sur la singularité d'Anicha et je n'ai rien dévoilé de la véritable cachette du petit peuple. Je ne voudrais pas que la maison de madame Mane devienne un lieu de pèlerinage et qu'elle me le reproche ensuite toute ma vie ! Depuis, le petit peuple a repris sa mission d'endiguer le mal à travers le monde. La tâche est ardue, c'est le moins que l'on puisse dire ! Dans tous les cas, les secrets de Siwa le resteront à jamais. J'ai donné ma parole, au même titre que chaque habitant de l'oasis.

Mais revenons à Anicha ! Sa méthode pour enseigner a vite fait du bruit. Elle a monté trois écoles, ici même à Siwa, et d'autres se sont ouvertes un peu partout dans le pays. La semaine dernière, elle accueillait le maire du Caire. Il a bien compris que, pour construire un nouveau monde, il fallait s'appuyer sur les plus jeunes. La meilleure arme contre une épidémie ou un ennemi, c'est la connaissance, le sens critique, le respect de soi et des autres. C'est aussi pour cette raison qu'Anicha se rend régulièrement dans les grandes villes pour témoigner de son expérience à des directeurs d'écoles. Elle n'a peut-être que vingt et un ans, mais elle en impose, croyez-moi !

Dans moins de deux heures, le plus haut dignitaire égyptien va arriver à Siwa. Pour la première fois, il veut voir de ses propres yeux à quoi ressemble l'oasis dont il est question dans mon récit. Il paraît que, même en Europe, on ne tarit pas d'éloges sur cet endroit reculé du monde, inconnu des populations, où, pourtant, il se passe des choses surprenantes. Il a demandé à être reçu par une personne en particulier : Anicha. Les décideurs sont en effet à la recherche d'esprits vaillants. Beaucoup veulent discuter avec cette jeune fille qui sait transmettre les vérités du monde. Et nul doute que le scarabée bleu doit lui souffler quelques idées de temps en temps. Mais ce n'est pas tout. Les émissaires du haut dignitaire ont également prévenu Anicha que celui-ci tenait à découvrir cette grande tenture, la plus grande jamais réalisée d'après eux. Le maire du Caire lui a fait l'éloge de ce travail colossal qui s'étend sur pas moins de deux cents mètres de long et qui fait merveilleusement écho au *Scarabée bleu*. Il est même prêt à l'acheter à prix d'or. Il voudrait l'exposer dans son palais.

Ainsi s'achève l'histoire du scarabée bleu. Tout ce qui est écrit dans ce livre est basé sur ce que nous avons vécu. Mais comme vous vous en doutez, pour préserver la vie privée de certains protagonistes, j'ai brouillé les pistes. Quoi qu'il en soit, rien ne vous empêche d'aller à la rencontre de Siwa. Mais en attendant de la découvrir, vous pouvez dès à présent porter un regard neuf sur les insectes. Le vôtre tient sûrement à entrer en contact avec vous…

Ottor

Table des matières